ヤン・ライケン
西洋職人図集
－17世紀オランダの日常生活－

ヤン・ライケン
西洋職人図集
―17世紀オランダの日常生活―

小林頼子［訳著］　池田みゆき［訳］

八坂書房

翻訳
小林頼子
池田みゆき

執筆
小林頼子

執筆協力
（執筆順）
今井澄子
望月典子
青野純子

* * *

Yoriko Kobayashi-Sato

with contributions by
Miyuki Ikeda
Sumiko Imai
Noriko Mochizuki
Junko Aono

はじめに

　本書は1694年にアムステルダムで出版されたヤン・ライケンの著作 HET MENSELYK BEDRYF（『人の営み』）の翻訳に、各「営み」へのコメントを付して編んだものである。
　同書は、17世紀末に刊行されるや、短期間のうちに版を重ねたり種々の海賊版を生むなど、大きな注目を浴びた本である。その人気のほどは、19世紀、さらには今世紀に入っても、リプリント版、出所不明の私家版が出ているところから容易に推測がつく。[1] 先日訪れたデルフトのみやげもの屋では、『人の営み』の図版の一つをあしらったデルフト焼きのタイルまで売られていた。しかし、そうした人気は『人の営み』に必ずしもいい結果をもたらしてこなかった。後付けの論文でも触れるように、重版の過程で幾つかの異同が生じ、初版の形が一部崩れてしまったからである。[2] とりわけ図版部分は、線が磨耗したり、磨耗した線が新たに彫り起こされたり、はてはオリジナル版を手本にヤンとは別人の手であらためて彫版し直され、逆版の図版が流布したりといったことが繰り返され、初版本にあった美しい繊細な線ははやくも18世紀半ばにほとんど姿を消してしまった。だから、ライケンの書を後の版を手掛かりに批評すると、とんでもない誤解をすることになりかねない。
　幸いにも、今回はアムステルダム大学図書館のご好意を得て、同館所蔵の初版本を底本にさせていただき、読者にライケンの素描家、彫版師としての腕前を最もいい形で紹介することができることになった。アムステルダム大学図書館関係者の方々のご理解とご協力に、この場を借りて深い感謝の意を表する次第である。

　初版原書では、扉絵一枚に続き、100種の職業が紹介されてゆく。標題、モットー、図版、解題の四部分からなる各職業には、右側一頁がまるまる配分され、それぞれ右肩に1から100の番号が付されている（次頁挿図参照）。文字は活字ではなく、図版部分とともに一枚の銅板に彫りこまれている。左頁が白紙のまま残されているのは、図版を頁の裏表に重ねて印刷するのを嫌ったためであろう（222

ヤン・ライケン『人の営み』初版（1694年）より
「製本職人」(no.63) の頁〈実寸大〉

頁・挿図8）。

　標題、モットー、図版、解題の四部分からなる文学の形式はエンブレマータ（寓意詩画集）と呼ばれ、15-17世紀のオランダで広く人気を集めていた。モットー、解題は、後付け論文で詳述するが、一般に教訓的、寓意的な意味を帯びたものが多い。本書の場合も例外ではなく、一読してすぐにわかるとおり、各職業にかこつけてキリスト教的な世界観が繰り返し教訓的に語られている。

　本書では、まずはその文字部分の翻訳を試みた。モットー、解題は17世紀のオランダ語による詩であるが、文語や詩的な調子の翻訳は避け、できうる限りライケンの意図を明確に伝えることを心掛けた。池田が no.1-20、51-82、小林が扉絵、no.21-50、83-100を分担し、仕上げの段階では相互に訳を検討し合った。不明の個所については、小林の畏友パウル・ハイス・ヤンセン（北ブラバント美術館）とマルテン・ヤン・ボック（アムステルダム大学）に助言を仰いだ。

　ただし本書では、原書の形式を必ずしも忠実に踏襲せず、原書の右頁にあった各職業を左頁に配し、右頁に当該の職業に関する短いコメントを挿図入りで付す訳著の形をとった。働く人間の姿を描いた絵や版画は、ライケン以前からさまざまな形で伝わる。それらを紹介しつつ、各職業の簡略な起源や発展、その社会的な位置付け、さらには各職人の扱う素材やつくった物が見る者にどのような観念を想起させたか、といった情報を提供することが、ライケンの『人の営み』の奥行きを深くするはずだと考えたからである。コメントは今井が no.1-17、望月が no.18-27 と 46-50、青野が no.28-45、小林が扉絵と no.51-100を担当した。原稿の作成にあたっては、シンガー他編『技術の歴史』（筑摩書房）と『世界大百科事典』（平凡社）を繰り返し参照させていただいたことを、感謝の意とともに、ここに記しておきたい。

　ライケンの『人の営み』については、アムステルダム歴史博物館がファン・エーヘン博士寄贈の貴重なコレクションを所蔵している。初版から始まって17世紀の重要な版のほとんどは言うに及ばず、ライケンが各図版を作成するにあたり描いた下絵素描のすべてを持っているのも同博物館である。[5] 今回、本書を訳し、編むにあたっては、そのコレクションをくまなく調査、比較、検討する機会に恵まれた。とくに100枚以上ある下絵素描は完成度が著しく高く、ライケンの素描家としての才能が遺憾なく発揮された傑作であった。同博物館のクラーフェルスマさんにはとりわけご配慮を賜り、所蔵の資料を納得のいくまで閲覧させていただいた。

　素描の様式の精査は、それらを版画化するにあたり、ヤン自身が彫版したもの、息子のカスパルに任せたもの、あるいは二人が共同で取り組んだものの識別を容

易にしてくれた。すでにファン・エーヘンが指摘しているところによれば、カスパルが

> パン屋（no.1）、指し物師（no.7）、より糸製造職人（no.13）、織り物師（no.16）、真鍮細工師（no.25）、白目細工師（no.26）、鍛冶屋（no.28）、帆げた職人（no.35）、油屋（no.41）、肉屋（no.43）、焼き菓子職人（no.44）、ビール醸造職人（no.49）、鞍職人（no.52）、ろくろ細工師（no.54）、外科医（no.56）、帽子職人（no.58）、紙漉き職人（no.60）、石切り工（no.69）、金箔師（no.77）、真珠細工師（no.81）、刺繍工（no.82）、銅版画家（no.85）、彫刻家（no.86）、音楽家（no.87）、弁護士（no.89）、漁師（no.95）、商人（no.97）、軍人（no.98）の28点、

父子の共作が

> 箒職人（no.9）、椅子職人（no.12）、絹糸製造職人（no.14）、羊毛洗い（no.15）、けば取り工（no.17）、金線工（no.24）、銅細工師（no.29）、刃物職人（no.31）、ビルジ用ポンプ職人（no.36）、綱職人（no.38）、粉ひき（no.48）、楽器職人（no.55）、皮なめし工（no.59）、漂白工（no.68）、煉瓦工（no.71）、陶工（no.72）、坑夫（no.75）、農夫（no.93）の18点、

そしてヤンが扉絵を入れて残りの55点を手掛けた、とされている。[4] 私の判断もこれとほとんど変わらないが、幾つかについて様式的に異論がないわけではない。その詳細は、後付け論文の240-242頁で詳述した上で、巻末職名一覧にしるしをつけ、識別を可能にした。ご参照いただければ幸いである。

　彫版が共同作業であったため、『人の営み』は原書はヤンとカスパルの共著として売りに出されたが、構想のみならず、実際の作業のほとんどを父ヤンが手掛けているため、本書ではヤンのみを著者として表示した。

　ライケンの『人の営み』は日本にも入っている。近年の購入だが、国立国会図書館には大変保存状態のよい、美しい初版本がある。同館は1749年版も所蔵しているため、相並べて見ると、後の版になるほど版画の質が落ちてゆく様子が手にとるようによくわかる。このほか、町田市立国際版画美術館には版画研究家 菅野陽氏旧蔵の、これまた版画の質の良好な第三版（1704年）が所蔵されている。この版については、佐川美智子さん（同館学芸員）の計らいで、ゆっくりと時間をかけ閲覧することができた。また、長崎県平戸市の松浦史料博物館には、『人の営み』をもとに編まれたヴァイゲルとアーブラハム・ア・サンタ・クラーラ編著『誰もに何かが』が伝わる。初版1699年だが、松浦本は1759年版である。松浦本は、天保年間の文書の記述などから、すでに19世紀初めには日本へ舶載されていたこ

とが確認されている。[5] 西洋職人づくしといえば、アマンのものばかりが知られているわが国だが、[6] 松浦本を通じてすでに江戸時代から日本人は『人の営み』に親しんでいたのである。

　ヤンは「印刷師」(no.61) のモットーに書いている。「幸いは、印刷機と印字のなかから求めよ」、と。もちろんここでは、印刷すべきは神の言葉、それも紙の上ではなく心の上に、というキリスト教的教訓が語られているのだが、グーテンベルクに始まった銀河系を思い描くとき、その言葉は額面どおりにも十分に理解可能だ。私たちの文明は、幸いも不幸も、活版印刷により流布した文字文化の力に負うところがきわめて大きかったからだ。しかしいま私たちは、だれもが予感するように、グーテンベルクの銀河系が終焉に向かって最後の光芒を放つ時代に生きている。新しい技術の可能性がもたらす変化は、当分、何人もその全貌をつまびらかにしないであろうが、世の職業の幾つかは確実に姿を消し、その一方で新たな職業が次々に呱々の声をあげることだろう。

　そうした時代の幕開けを迎えるにあたり、ヤン・ライケンの訳著に携わったことに深い感慨を覚えている。同書が出版業が栄え、まさにグーテンベルクの遺産を享受しつつあった17世紀のアムステルダムで誕生しただけに、なおさらその思いは強い。この先私たちは、幸いを、一体、どこに求めることになるのか。新たな時代を生きるために、ライケンを手掛かりにして過ぎ去った時代を展望し直すのも決して無駄なことではあるまい。『人の営み』の訳著を公刊することにした理由もそこにある。

2001年6月
小林賴子

目　次

はじめに ………………………………………… 5
凡　例 …………………………………………… 12

＊　＊　＊

扉絵 ………………………… 13
1. パン屋 ……………………… 16
2. 仕立て屋 …………………… 18
3. 大工 ………………………… 20
4. 煉瓦積み工 ………………… 22
5. ガラス工 …………………… 24
6. 鉛管工 ……………………… 26
7. 指し物師 …………………… 28
8. ブラシ職人 ………………… 30
9. 箒職人 ……………………… 32
10. 籠職人 ……………………… 34
11. 篩職人 ……………………… 36
12. 椅子職人 …………………… 38
13. より糸製造職人 …………… 40
14. 絹糸製造職人 ……………… 42
15. 羊毛洗い …………………… 44
16. 織り物師 …………………… 46
17. けば取り工 ………………… 48
18. 染色師 ……………………… 50
19. 靴職人 ……………………… 52
20. 櫛職人 ……………………… 54
21. 眼鏡職人 …………………… 56
22. 針職人 ……………………… 58
23. ピン職人 …………………… 60
24. 金線工 ……………………… 62
25. 真鍮細工師 ………………… 64
26. 白目細工師 ………………… 66
27. 秤職人 ……………………… 68
28. 鍛冶屋 ……………………… 70
29. 銅細工師 …………………… 72
30. ランタン職人 ……………… 74
31. 刃物職人 …………………… 76
32. 刀鍛冶 ……………………… 78
33. 鉄砲鍛冶 …………………… 80
34. スケート靴職人 …………… 82
35. 帆げた職人 ………………… 84
36. ビルジ用ポンプ職人 ……… 86
37. 船大工 ……………………… 88
38. 綱職人 ……………………… 90
39. 帆布職人 …………………… 92
40. 桶職人 ……………………… 94
41. 油屋 ………………………… 96
42. 蠟燭職人 …………………… 98
43. 肉屋 ………………………… 100
44. 焼き菓子職人 ……………… 102
45. 製糖職人 …………………… 104
46. 薬剤師 ……………………… 106
47. 庭師 ………………………… 108
48. 粉ひき ……………………… 110
49. ビール醸造職人 …………… 112
50. 雑穀屋 ……………………… 114
51. 車大工 ……………………… 116
52. 鞍職人 ……………………… 118
53. ふいご職人 ………………… 120

54. ろくろ細工師 ……… 122	78. 銀細工師 ……… 170
55. 楽器職人 ……… 124	79. 金細工師 ……… 172
56. 外科医 ……… 126	80. ダイヤモンド細工師 … 174
57. かつら職人 ……… 128	81. 真珠細工師 ……… 176
58. 帽子職人 ……… 130	82. 刺繡工 ……… 178
59. 皮なめし工 ……… 132	83. タペストリー工 …… 180
60. 紙漉き職人 ……… 134	84. 画家 ……… 182
61. 印刷師 ……… 136	85. 銅版画家 ……… 184
62. 銅版画印刷師 ……… 138	86. 彫刻家 ……… 186
63. 製本職人 ……… 140	87. 音楽家 ……… 188
64. 学校教師 ……… 142	88. 占星術師 ……… 190
65. 時計師 ……… 144	89. 弁護士 ……… 192
66. 鏡職人 ……… 146	90. 化学者 ……… 194
67. ガラス吹き工 ……… 148	91. 医者 ……… 196
68. 漂白工 ……… 150	92. 説教師 ……… 198
69. 石切り工 ……… 152	93. 農夫 ……… 200
70. 石工 ……… 154	94. 船乗り ……… 202
71. 煉瓦工 ……… 156	95. 漁師 ……… 204
72. 陶工 ……… 158	96. 狩人 ……… 206
73. 膠職人 ……… 160	97. 商人 ……… 208
74. 泥炭掘り ……… 162	98. 軍人 ……… 210
75. 坑夫 ……… 164	99. 支配者 ……… 212
76. 貨幣師 ……… 166	100. 墓掘り ……… 214
77. 金箔師 ……… 168	

＊＊＊

ヤン・ライケン著『人の営み』(1694年)と
　17世紀オランダの働く人々　　　　　小林頼子 ……… 217

注　記 …………………………………………………… 245
参考文献一覧 …………………………………………… 251
参考図版一覧 …………………………………………… 256
職名一覧（アマン『西洋職人づくし』、コメニウス『世界図絵』との対照表付）…… 266

あとがき ………………………………………………… 269
新装版に寄せて ………………………………………… 270

凡　例

◆ 本書は Jan Luiken, HET MENSELYK BEDRYF, Amsterdam, 1694（アムステルダム大学図書館蔵、所蔵番号 UBM OG 80, 36）を底本にしている。
◆ 底本の寸法は版の部分で縦13.9㎝、横8.0㎝であり、底本より複製した図版は、すべて実寸大で掲載した。
◆ 本文中の注記は、巻末にまとめて掲載した。
◆ 注記等において用いた文献の略称は、巻末の参考文献一覧に拠った。
◆ 本書で用いた主な略号は、以下の通りである。
　　　　→　　　参照すべき項目
　　　《　》　　美術作品名
　　　『　』　　書名など
◆ 各職業解説部分の参照図版は「参考図」、その他の部分の参照図版は「挿図」とした。なお、後付け論文中に「参図」とあるのは、「参考図」と同じ意味である。
◆ 参考図版中、制作年代が不明のものについては、「○○世紀」のように、おおよその年代を入れて読者の便宜を図った。
◆ 翻訳と各職業についてのコメント執筆の分担は、以下の通りである。
　　◎翻訳分担
　　　池田 = no.1 - 20、51 - 82
　　　小林 = 扉絵、no.21 - 50、83 - 100
　　◎執筆分担
　　　今井 = no.1 - 17
　　　望月 = no.18 - 27、46 - 50
　　　青野 = no.28 - 45
　　　小林 = 扉絵、no.51 - 100

扉　絵

上部の吹き流し：「人の営み」

下部の銘文、上から：「手仕事、技芸、取り引き、商売の図100点と詩文」

「日々の煩いに心奪われようと、
　賢明なる分別を働かせ、熟慮すれば、
　人の営みは心の糧となる、
　いと高き御心が天上の善をお示しになるから」

「アムステルダム、ヨハネス＆カスパル・ライケン著、1694年」

扉絵解説

　画面中央に、右腕に蛇を巻きつけ、左手をプットーの上にかざす女性が座っている。彼女の視線の先には鏡があり、プットーの後ろには一枚の絵が垣間見える。女性の右手の先には、王冠の載った地球儀があり、その周りに別の二人のプットーが立っている。前景には、剣、鋏、リュート、ノート、彫像、パレット等々がちらばる。左後方には忙しく働く人々と出入りの船で賑わう港の風景が広がる。女性のすぐ右後ろには顔を見合わせる二人の男がいるが、一方は、港の風景の方を指差し、もう一人は、香炉や棕櫚（シュロ）を持つプットーとともに雲のなかに浮かぶ吹き流しの旗へと手を差し上げている。そこには、1694年の初版では「HET MENSELYK BEDRYF（人の営み）」、第二版では「SPIEGEL VAN 'T MENSELYK BEDRYF（人の営みの鑑）」というタイトルが書かれている。[1]

　まずは、画中の右下の絵に注目してみよう。右手に大鎌を持ち左手に砂時計を持つ有翼の老人が中央に見える。言うまでもなく、「時」の寓意像である（図a）。すべてを死へと追いやる「時」。ライケンは、前景と左後方にちりばめられた人の営みはすべて虚しい、とでも言うのだろうか。そうではない。むしろ、死を思い、思慮深く、賢明であれ、この世の人の営みは、それでこそ神の御心にかなうものになる、というメッセージこそを読み取るべきなのだ。なぜなら、蛇を右腕に巻きつけ、鏡を覗き込む中央の女性は賢明の寓意像にほかならないからである。[2]「賢明なる分別を働かせ熟慮すれば、人の営みは心の糧となる」とうたう扉絵の銘文もそれを裏打ちする。

　次に、賢明の寓意像の右手の先に描かれた王冠をいただく地球儀に目を転じてみよう。この部分を読み解くには、第二版に加えられたモットー、「終わりよければ、すべてよし」が手掛かりとなる。[3] 地球儀に象徴される虚しき世事も、賢明の導きに従えば、終末のときには神の恩寵を得る、というわけだ。似た銘文が書き込まれたホンディウスのヴァニタス静物画（図b）も狙いは同じである。[4] 両者に共通するのは周辺にちりばめられた技・芸の道具だけだが、賢明の像は十二の功業が美徳の勝利と解されるあのヘラクレス像（図b画面左下）に、世事の虚しさは髑髏に、王冠は月桂冠に通じる。ライケンもホンディウスも人の営みが、美徳の行いによって、良き行いに転ずると説いているのである。ライケンは、扉絵を構想するにあたり、70年前に制作されたホンディウスの版画を念頭に置いていたのかもしれない。

　前景は典型的な寓意図像。後景はアムステルダムを思わせる現実的な港の風景。二つの異質な世界は続く100の職種では重なり合い、現実の働く人々の姿に収斂してゆく。扉絵は、『人の営み』のなかでただ一つのあからさまな寓意図なのである。

a. フォン・アーケン《寓意画》1598年

b. ホンディウス《ヴァニタス静物画》1626年

1. パン屋

体を養うもの、それは心の糧となる

ああ、この世の命の糧となる、
いとしきパンの創造主よ、
慈悲深き神は、われらの願いに応え、
ご自分がパンとなって下さった。
ああ、天から舞い下りるパンよ、
我らが魂を満たしたまえ。

1. パン屋　17

a. ドゥッチォ
　《最後の晩餐》
　1311年

c. ベルクヘイデ
　《パン屋》
　1681年

b.《パン屋》
　（『スミスフィールド教令集』14世紀初頭）

　パンは、6000年ほど前にメソポタミアで発祥したと言われる。4世紀のローマには300軒ものパン屋が存在し、消費者の階層ごとに質の異なるパンを提供していた。[1]
　キリスト教世界では、パンは、日々の主食であるだけでなく、キリストの肉体という特別な象徴的意味を持つ。聖餐式の原点である最後の晩餐で定められたもので、ちぎられたパンはキリストの犠牲を表す（図a）。[2] パンは、また、種子まきの際の力、収穫の際の恵みのシンボルにもなれば、災害や犯罪に対する護符にもなるなど、実に様々な意味や機能を担っていた。[3]
　本図では、一人が材料をこね、もう一人がかまどを温めるための薬を集めているが、かまどにパンを入れたり、焼き上がったパンを取り出す場面が描かれることも多かった（図b）。パン屋は、角笛を吹いて、人々に焼きたてのパンの買い時を知らせた（図c）。このような習慣は19世紀まで続いた。[4]

2. 仕立て屋

ああ、人の子よ、極上の布を用いよ

この世の暮らしに欠かせぬ布、
されど布も肉もともに擦り切れる。
それゆえにこそわれらは、
心から仰ぎ見るのだ、
われらを永遠に包みたもう、
御国の布と神々しき衣を。

2. 仕立て屋

a. ブラーメル
《古着売り》
1650年代

b.《仕立て屋》
（アマン『職人づくし』
1568年）

c. ファン・ブレケレンカム
《仕立て屋の工房》
1664年

　仕立て屋は、綿、毛、絹およびリネンなどの織物を縫製し、男性用のあつらえ服をつくる職人である。すでに12世紀のイギリスに、「タイユール」と呼ばれる仕立て屋が存在していた。[1] 中世には、仕立て屋の需要は高かったが、衣服規制令が頻繁に出されていたので、注文者の身分や職業に配慮した服づくりが求められた。[2] ライケンの時代には、商人などの様々な社会層が古着を着用していた。一般の人々にとって仕立て服が高価であったことが推察される（図a）。[3] その状況は19世紀になっても変わらなかった。[4]

　仕立て屋の伝統的なイメージは、足を交差して座る姿であり、[5] 描写作例も少なくない（図b）。本図の仕立て屋もあぐらをかいているが、おそらくブレケレンカムの絵画に直接ヒントを得たと思われる（図c）。二つの絵には、明るい窓のそばのテーブルに座る仕立て屋たちの姿や、窓や机の配置など、多くの共通点が見られるからである。

3. 大工

行い貧しければ、思うこと豊かにあらず

この世の家は、
我らを災いから守り、役立つもの、
そして住み心地のよいもの。
だが心を尽くして建てなければいけないもの、
それは永遠の幕屋、
彼岸で我らの住まうところ。

3. 大工   21

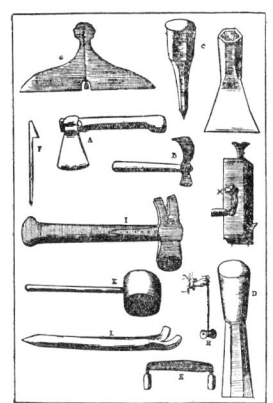

a. 家を建てる際に用いた道具の例
（モクソン『機械の研究』1703年）

b.《方舟づくり》
（『ベッドフォードの時禱書』15世紀）

c. カンパン
《鼠取りをつくるヨセフ》部分
15世紀

　大工は、金鎚、鋸、錐、ノミ、斧などの道具（図a）を用いて、建築のための木工に従事する職人であり、早くもギリシャ時代に言及がある。[1] 中世の建築の主建材は木材であり、[2] 大工は、石造建築も含め、大規模な建築作業の親方を任されたが、一方で、桶、たらい、鞄などの小さな日用品の製作にも携わった。[3]

　大工が登場する絵画は、まるで家のような方舟をつくる場面（図b）や、同業組合の守護聖人であるヨセフの作業する姿（図c）など、聖書の題材を扱ったものが多いが、本図では同時代の大工がノミをふるうところが描かれている。ライケンは、現世の建築描写やモットーを通して、最終的な住処となる来世の永遠の家を大切に建てるようにと忠告しているのである。

　19世紀になると、金属などの他の素材の台頭により木造建築の需要は著しく減少するが、それまでの長い間、大工は西洋の建築を支える重要な仕事を担っていた。

4. 煉瓦積み工

悪い隣人は、壁で防げ

己の身を危険から守るため、
人はこの世の人生を壁で囲う。
永遠の命もまた、
堀のない国境の町の如く、
敵の襲撃と永劫の死の危険に
さらされている。

4. 煉瓦積み工

a. ファン・フリート
《煉瓦積み工》
1635年

c.《煉瓦積み工》
（フィリップス『英国の職業および有益な技術集成』1824年）

b. ソーンベリー教会の煙突
（1520年頃、グロスターシャー州）

　煉瓦積み工の仕事は、大工あるいは石工の監督のもと、煉瓦工（→no.71）が製造した煉瓦で壁を築くことである。作業は単純だが、あらかじめ準備された型に従って煉瓦を積み上げるには技術を必要とする。[1] 本図の煉瓦積み工は煉瓦を単純に積み上げているが、図aのように、正確に積み上げる目安として木枠が設置されることも多かった。時には、煉瓦を複雑に組み合わせ、装飾的な効果を狙うこともあった（図b）。

　中世の建造物は木造が主流であったが、15世紀頃から煉瓦づくりの需要も増していき、[2] 17世紀になると、特にイギリス、オランダで煉瓦積み工が求められた。都市の発達によって新しい建造物の需要が高まっただけでなく、煉瓦の持つ耐火性が注目されたからである。アムステルダムでは建物を煉瓦づくりにするよう通達が出され、ロンドンでは1666年の大火災以降、木造建築が禁止された。[3] そうした事情もあり、煉瓦積み工には19世紀になっても活躍の余地が大いに残されていた（図c）。

5. ガラス工

命は求める、光と空気を

我が家から光を遮らぬよう
ガラス窓を磨くがよい。
それなのに、人は、虚栄心、悪事、
この世の木石を用いては、
その心の家を覆いつくし、
御国の光を拒むのだ。

5. ガラス工　25

a. ランス大聖堂身廊
　（1241-75年）

c.《ガラス師》
　（アマン『職人づくし』1568年）

b.《ガラス工》
　（ディドロ『百科全書』
　　18世紀）

　ガラス工は主として、ガラス吹き工（→no.67）が製造したガラスを切断し、加工し、窓に取りつける仕事をする。ガラスそのものはすでに古代エジプトやメソポタミア時代に存在したが、[1] 窓にガラスがはめられるのはローマ帝政期以降のことである。[2] 中世ヨーロッパでは、聖堂の窓を飾るステンドグラスの需要がとりわけ高かった。特に構造上窓の面積を大きくとることができたゴシック様式の大聖堂においては、聖堂内に光を導き、神々しい空間を演出するために多用された（図a）。15世紀に入ると、個人の家の窓にもガラスを使用する例が増えていった。[3]

　ライケンは、屋外で窓の破損部分を修理するガラス工とその徒弟を描いているが、室内でガラス類を研磨したり、切断したりする職人の描写も少なくない（図b）。アマンでは、棚に並べたガラス製品や（図c）、「この杯をごろうじろ」という解説から、[4] ガラス吹き工とガラス工の仕事に区別をつけていなかったことが窺える。

6. 鉛管工

善きものは心へと導け

天の恵みの雨を受けとめようと
人は住まいに水管を備える、
深い渇きを覚えているから。
それはなんと賢いことか。
雨の如く降り注ぐ神の恩寵と愛と恵みを、
しっかりと心の樽に貯えるがよい。

6. 鉛管工　27

a.《鉛職人》(ディドロ『百科全書』18世紀)

b.《鉛職人》(ディドロ『百科全書』18世紀)

　鉛管工は、鉛で水道管や樋などをつくる職人である。ディドロの『百科全書』には、鋳型に鉛を注ぎ込んだり（図a）、鉛管の目方を量る（図b）鉛管工が見られる。本図の鉛管工は、錫と鉛でできたはんだを容器に入れて温めたり、はしごに登り家主の説明を受けながら修理の必要な場所を調べたりしている。右奥の女性が持つバケツは、樋を伝って落ちる雨水を受け止めるものなのだろう。集めた水は、そのまま流してしまわず、生活用水としてリサイクルされていたのである。
　原料の鉛は、接合しやすい上に湿気に対する耐性があるので、水道管だけでなく建造物の屋根や芸術作品の表面を保護するためにも広く用いられた。[1] フランスでは、フォンテーヌブロー城などの重要な建造物を建てる際に、相当数の鉛管工が雇われた。[2]
　鉛は錆びやすく黒色に変化するので、伝統的に最も黒く重い金属と考えられた。占星術や錬金術では、黒や鈍重さからの連想で、死や老化を象徴する土星と結び付けられる。[3]

7. 指し物師

しっかりしまえば、なくならない

人は、実り多き、順調な人生の財産を、
タンスにしまい込む。
だが、真に知恵ある者は、
ものごとを互いに分かち合い、
心の金庫をつくり、
永遠の財産を貯える。

7. 指し物師　29

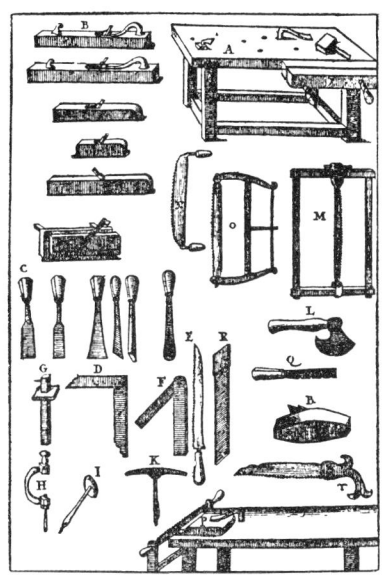

a. 指し物師の道具の例
（モクソン『機械の研究』1703 年）

b. オーク製の棚
（16 世紀後半）

c.《指し物師》
（アマン『職人づくし』
1568 年）

　箪笥やテーブルなどの家具調度類の製作は、当初は大工の仕事であったが、家具のつくりが精巧になるにつれ、指し物師の仕事として独立した。指し物師の存在は 8 世紀以前のイタリアに確認でき、11 世紀には北西ヨーロッパでも知られるようになった。[1]
　指し物師の用いる道具は、大工の道具（→ no.3）と比べ軽く華奢なつくりであり（図a）、扱う素材は、木目の細かい堅い胡桃の木の根元や黒檀などの高級木材であった。[2] 趣向を凝らした家具では、それらの素材にパネルをはめこんだり寄木づくりをするなどの工夫がされた（図b）。
　指し物師は、作業台の上で厚板に鉋をかけたり、鋸をひいたりする姿で表される（図c）。ライケンは、若い徒弟と親方がデザインあるいは板の木目について話し合う場面を描いている。右側に見られるような大きく立派な箪笥は、当時のオランダ人が家具調度として誇りにしていたものであり、持ち主の財力の証明ともなった。[3]

8. ブラシ職人

汚れたところを探し出せ

清潔な敷物や家具にたまった汚れと埃は、
きれい好きの者によって潔められる。
しかし、最も肝心な、かの永遠なるもの、かの尊い魂は、
おおよそ忘れられたままだ。
そこにこそたくさんの罪の埃が、
飛び散り、こびり付き、汚く取り付いているというのに。

8. ブラシ職人

a.《ブラシ売り》
（アマン『職人づくし』1568年）

c.「出自は問題ではない」
（フィッセル『寓意人形』1614年）

b.《刷毛師》
（『職人尽発句合』
18世紀後半）

　ブラシ職人は、本図やアマンの版画（図a）に見られるように、大きさや形の異なる様々なタイプのブラシを製作し、販売した。衣服の埃の除去や床磨きなど、その用途は多岐にわたっており、家庭の主婦に限らず、仕立て屋や石工など、さまざまの職人に用いられた。図bの18世紀の日本のブラシ職人は、しめきで固定しながら刷毛を製作している。[1]

　ライケンはブラシ職人と箒職人（→no.9）とを別々に挙げている。当時のオランダ人の清掃への関心の深さが窺える。実際、彼らの清潔への執着は外国からの訪問者を非常に驚かせた。[2] この傾向は、湿気の多いオランダの気候からも説明されるが、世俗の不浄に汚されていない純粋な家（＝心）を尊重する宗教的道徳観とも通じているようだ。本図の左奥に教会が聳えるのも偶然ではなかろう。[3] 図cの寓意図像では、過去の因縁を一掃し、新たに始めることの重要性がブラシにより示唆されている。[4]

9. 箒職人

掃いて潔めよ、神を歓ばせるために

思慮深き心により束ねられ、
神の御言葉のなかに宿る箒は、
心の住処に備えられる。
この地の泥を掃き出し、
永遠の善を携えた、
キリストという尊い客を迎え入れるために。

9. 箒職人

a. ブラーメル
《箒づくり》
1650年代

c. フェルメール
《恋文》
1670年頃

b.《告解》
(『巡礼者の書』1498年)

　箒職人は、一束の藁を太い紐で結び合わせ、箒をつくる。それが相当の力を要する仕事だったことは、図aに明らかだ。がっしりした男性が、藁を結んだ紐を全身で懸命に引っ張っていたり、藁の先をそろえようと包丁を振り上げたりしている。

　箒は、民間伝承においては、魔女の乗り物と見なされたり、悪魔の侵入を防ぐお守りとして用いられた。[1] 中世の告解の場面では、告解者は箒を口にくわえる姿で表された。箒は心に宿る悪魔を掃き出す道具と見なされているのである（図b）。箒は17世紀オランダの風俗画にもたびたび描かれたが（図c）、前項のブラシと同様に、掃除用具である以上の、宗教的・道徳的な意味を持つとの指摘がある。[2] 確かに、本図のモットーも箒に宗教意味を認めている。しかし、図cのような風俗画に描かれた箒が果たしてそうした意味を帯びているか否か、図中に確たる手掛かりがない場合には、作品ごとに個別の検討を必要とするだろう。

10. 籠職人

穴の空いた樽に水はためておけない

籠で水を掬う者、
それはなんという愚か者。
籠の如く穴だらけのこの世で
多くの手が平安を掴もうとするが、
そんなものはみな流れ失せる。
平安は、永遠の樽に掬いとるもの。

10. 籠職人

a.《ざる・籠屋の服》
（ラルメサン三世
『グロテスクな服装と職業』
1695年）

b.《籠づくり》
（ディドロ『百科全書』18世紀）

c.《静岡の竹細工店》
（『大日本物産図会』19世紀後半）

　籠の歴史は古く、人類が籠を編み始めたのは旧石器時代にまで遡ると言われる。[1]軽く、弾力や通気性に富む籠は、家庭ではむろんのこと、魚や食器類を売る行商人や仕立て屋などの職人の仕事場でも、時代を問わず広く使用された。[2]その大きさや形がさまざまであったことは、17世紀フランスの版画の奇妙な籠屋の描写（図a）からも確認できる。本図の籠職人は戸外で仕事をしているが、屋内で作業をする場面を描いたものも少なくない。図bでは、左隅に黙々と作業をする籠職人が座り、部屋の奥に籠が所狭しと積み重ねられている。

　一般に、ヨーロッパの籠は柳や藤の枝などから製作されるが、日本の籠は素材に竹を用いるため、ざるなどとともに竹細工と総称される。ものを入れる籠だけでなく、人間を乗せて運ぶ「駕籠」もまた竹細工であった。[3]図cからは、店先に種々の籠を並べた19世紀後半の日本の竹細工店の様子が窺える。

11. 篩職人

小事に目をとめる者は、大事を見逃さない

ああ、人よ、巧みに篩を使いこなし、
この世の暮らしに役立てる者よ。
汝にとって必要なこと、それは、
魂を善悪の篩にかけること。
最善のものを残し、
汝の軽率さを悔いぬために。

11. 篩職人　37

a. 《篩づくり》
（アマン『職人づくし』1568年）

b. ブラーメル
《行商人》
1650年代

c. ブリューゲル
《賢明》
1559-60年

　篩は、プリニウスの『博物誌』で初めて言及されるが、[1] 実際にはかなり前から使用されていた。パンの原料の小麦粉を製粉するのに欠かせない道具だったからである。他にも、料理の様々な段階で水気を切ったり漉したりするのに用いられた。

　本図の篩づくりは、篩を補強するために側面に細い木材をあてたり（右）、篩をつくるべく藁を束ねたりしている（左）。篩の底の部分には、ドリルで穴をあけた薄い板を使うこともあれば、アマンの版画に見られるように、細く切った木材を編み上げたものを用いることもあった（図a）。篩を売り歩く行商人（図b）に比べ、篩づくり自体はあまり描写の対象にならないが、ライケンやアマンは、人々の生活に欠かせない篩製作の重要性を看過し得なかったのであろう。

　篩には「選り分ける」という用途があるため、絵画などでは善悪を見極める分別の象徴として描かれた。[2]「賢明」の擬人像（図c中央）の頭上に篩が載っている所以である。

12. 椅子職人

金でできていようと、木のように脆い

主の永遠の住まいには
穏やかな平安の椅子が用意されている。
心が神と共にある者のために、
静けさを求める者のために。
この世の椅子は、いくら心地よかろうと、
いずれは壊れ、消え去ってゆく。

12. 椅子職人

a.《カール大帝》
（1200年頃、ステンドグラス）

b. ブラーメル
《椅子職人》
1650年代

c.《椅子づくり》
（ディドロ『百科全書』
18世紀）

　古代エジプトでは、椅子は王侯貴族の社会的地位や権力を表す家具であった。その象徴的意味はキリスト教世界にも引き継がれ、キリストや王は、装飾された玉座に王冠を戴き世界球を手にして座る姿で描かれた（図a）。17世紀オランダでも、家長の椅子が最も大きく、女性よりも男性の椅子の方が大きいという傾向があった。[1]

　椅子職人は、本図のように新しく椅子をつくるだけでなく、古い椅子の座部を取り替える仕事にも携わった（図b）。そもそも中世ヨーロッパでは、椅子は大工や指し物師が製作するものであったが、次第に椅子職人という職業が制度的に確立していった。17世紀のアムステルダムではなしえなかったが、18世紀になると、フランスで椅子職人が指し物師の同業組合から独立し、技術の高い椅子を製作した（図c）。[2] しかし、19世紀後半になると木材の加工機械が発達し、椅子は職人の手から離れ、工場で機械生産されるようになっていった。[3]

13. より糸製造職人

憎しみに見えたとしても、悪意はない

巻かれては振り回され、打たれながらも、
糸はその試練に絶えねばならない。
だがいずれはそれも益となる。
信仰深き者の戦いと十字架も、
神の御支配により、必ずや最善へと導かれる、
従順で穏やかな魂へと。

13. より糸製造職人　41

a.《亜麻の茎の準備工程》
（『ウェルギリウス・ソリス』16世紀）

b.《撚糸工程》
（ディドロ『百科全書』18世紀）

　人類は紀元前から繊維を紡ぎ、糸を織って布を製作していた。[1]その工程の中でも初めの段階に位置するより糸製造では、繊維をより分け、糸紡ぎのための準備が整えられる。図aの中央で作業する人物は、14世紀頃に発明された亜麻の破砕機を使っている。こうした破砕工程の後に、さらに細かい金属の歯で繊維を梳き、ようやく、長くまっすぐな繊維と短い繊維とが分離されるのである。繊維の質は長い方が良く、最上質の亜麻の繊維はレース糸に用いられた。一方、短く、質の劣る繊維は家具の詰め物にあてがわれる運命だった。
　本図のより糸製造職人は、亜麻あるいは大麻を木材で打ち、繊維を柔軟にしている。特にオランダの土壌で良く育つ亜麻は、糸の原料として多用され、[2]17世紀には、亜麻糸からつくったリネンやレースが外国へも輸出された。[3]18世紀になると、各工程の機械化と改良が進み（図b）、職人の作業形態も大きく変わっていった。

14. 絹糸製造職人

神に歓ばれるものを求め、身につけよ

絹を羽織っていても、
内にぼろを着ていれば、
誰もが軽蔑するだろう。
美徳の道に足を踏み入れぬ者は、
たとえ身体(からだ)を飾りたてようと、
魂は所詮みすぼらしいままだ。

a.《蚕種西漸伝説》
　3-8世紀、
　ダンダリーン・ウィリクの遺跡出土

b. カンパニョーラ
　《絹糸の巻き取り》
　16世紀

　古代中国で織り始められた絹織物は、1世紀にはヨーロッパへ輸入され、見た目の美しさと優れた保温性のゆえに、高級品として珍重された。図aには、西アジアに絹を伝える中国の五妃の伝説が描かれているが、ヨーロッパでも6世紀には生産が試みられ、12世紀にもなると、イタリアで絹織物業が栄えるまでになった。[1]

　絹糸の準備工程は繭を熱湯に入れ糸を繰ることから始まるが（図b）、17世紀のオランダでは、なおアジアやイタリアから繭や紡績した絹糸を輸入していた。[2] 製造の中心地となったアムステルダムには、市から専用の施設が提供された。[3] 本図は紡績後の工程である。手前の男性は紡績糸を点検しつつ織機にかけられるよう一定の長さに巻き、後ろに座る女性は絹糸の束をつくっている。

　18世紀の絹織物産業はリヨンを中心にフランスで際立って栄えたが、19世紀には紋織機を発明した技術者ジャカールらが機械化を推し進め、職人は居場所を失った。[4]

15. 羊毛洗い

闇は退く、陽が昇れば

神の愛は計り知れない。
悪に背を向けようとする魂の、
赤く染まった罪を、
雪や純白の毛糸の如く真っ白に変えてくださる。
ああ、人の子よ、応えよ、
主のこの慈悲深い御言葉に。

15. 羊毛洗い

a.《羊の剪毛》部分
（『ブリュージュの時禱書』15世紀後半）

b.《羊毛洗い》
（ディドロ『百科全書』18世紀）

c. テル・ボルフ
《糸を紡ぐ女》
17世紀

　羊毛洗いは、羊飼いあるいは専門の職人によって刈り取られた羊毛（図a）を、品質に従って選別・洗浄し、脂肪や塩分を抜き、埃などの付着物を取り除く仕事に携わった。羊毛は洗いすぎると質が落ちるので、作業は慎重を要した。
　本図には、羊毛の入った大きな籠を運河に入れ洗浄する場面が描かれている。籠は、羊毛を十分に水に浸せるように、木枠に沿って上下できる仕組みになっている。[1] 17世紀のオランダにおいて、羊毛は最も一般的に使用された布地であった。図bは18世紀フランスの羊毛洗いの様子である。水に浸され、攪拌された羊毛は、下段に描かれているように、枠に吊して干される。乾燥後は羊毛を梳く作業が行われ、最終的に糸紡ぎの工程に引き渡される。
　糸紡ぎは、その素材を問わず、典型的な女性の仕事とされた。[2] そうした女性が絵画に描かれた場合には（図c）、家庭内での女性の美徳を表すことがある。[3]

16. 織り物師

織物に集中する者は
人生という網を編んでいる

機(はた)をくぐり抜ける杼(ひ)のごとく、
人生の月日は瞬く間に過ぎ去り、
永遠に戻ってはこない。
それゆえ、振る舞いは慎重に。
善行を積んで生きた者には良き報いが、
悪事を働いた者には罰が待ち受けるのだから。

16. 織り物師　47

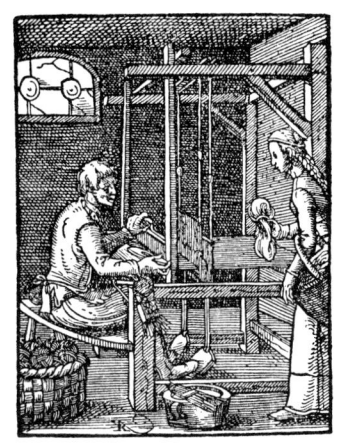

b. 《織り物師》
（アマン『職人づくし』1568年）

c. ウェイク
《織り物師のいる室内》
17世紀

a. 《織機のかたわらの
　オデュッセウスとキルケ》
　前5世紀、
　スキュフォスの壺絵

　布地を織る職人の作業は、織物製造において最も重要な工程である。織機はすでに古代ギリシャ時代にも存在していたが、当初は架台もなく、錘によって糸を引っ張る素朴なつくりであった（図a）。13世紀以降になると水平枠が導入され、ペダルを足で踏んで操作できるようになった（図b）。[1]

　織機は糸の種類を問わずに織ることができたが、17世紀のオランダの織り物師は、絹なら絹と、一種類を専門的に織る傾向にあった。[2] また、当時、織物はたいてい個人の家で行われていた。織機は家の主要な部屋に置かれ、職人は日常の営みのただ中で仕事をしていたのである（図c）。[3] 本図の右奥や図bに描かれている女性は、おそらく織り物師の家族の一人で、紡績を担当していたのだろう。

　18世紀になると織機の改良が進み、作業の手間が省けるようになる。[4] しかしそれは、他の工程に関わる職人の場合と同様に、織り物師が仕事を失うことを意味した。

17. けば取り工

知恵ある者、それは永遠に擦り切れぬ衣を仕立てる者

人は、時間と労力を費やし、
獣の毛から己の衣を仕立てる。
身体(からだ)に纏うものはかく用意される。
それがたとえ、そこそこの出来でも、
貧しき魂よ、いずれこの世を去るときは、
裸のまま別れを告げねばならない。

17. けば取り工

a.《けば取り工》
（アマン『職人づくし』1568年）

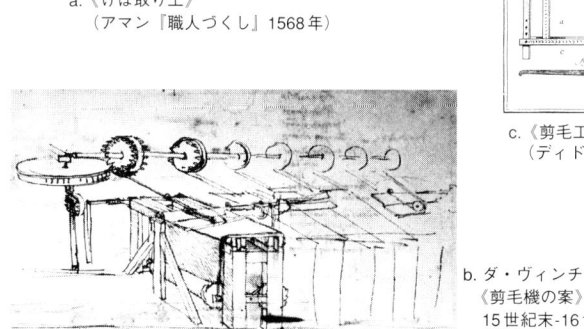

c.《剪毛工程》
（ディドロ『百科全書』18世紀）

b. ダ・ヴィンチ
《剪毛機の案》
15世紀末-16世紀初頭

　けば取り工は、織り上げて縮充した毛織物のけばを立て、余分な繊維を刈り取り、布地の表面を滑らかにする職人である。アマンの版画（図a）や本図の手前の人物のように、作業台の上に布地をのせ、大きな鋏を前後に動かしながら作業を進めた。職人たちの逞しい腕からも分かるように、けば取りは重労働であり、二人がかりで行われることもあった。[1] 腕力だけではない。布地に傷をつけずに確実にけばを取り除かねばならなかったから、器用さも必要とされた。
　このように骨が折れるという事情もあり、けば取り作業を機械化する試みは早くからなされてきた。[2] 図bはレオナルド・ダ・ヴィンチが考案した機械であり、鋏が自動的に開閉しながら布の上を進む仕掛けとなっている。しかしこの案は実現せず、機械化はなかなか進まなかった。図cは18世紀のけば取りの道具を示したものである。鋏など個々の道具は改良されているものの、作業は依然として手で行われていた。

18. 染色師

主に連なるものは、一色に染まる

イエスの赤き血、高貴な色が、
戸から戸へと、われらが魂を染めてゆき、
神の永遠の御目を歓ばしめる。
まるで染色液がしみわたり、
白い毛糸の衣が、
新しく生まれ変わるように。

18. 染色師

a.《絹の漂白と染色》
（『絹の技法』1458年）

b. カヴァローリ
《羊毛加工》
1570-73年

c.《染色師：川での絹の洗浄》
（ディドロ『百科全書』18世紀）

　染色は古代エジプトから行われ、ローマ時代にはすでに専門の職人が存在した。当時の染色技術の詳細はプリニウスにより記述されている。[1] その伝統は民族移動期に一旦失われるが、13世紀にヴェネツィア、フィレンツェ等で毛織物業の発展とともに復活した。[2] 14世紀にはフィレンツェの染色師が独立の同業組合を結成した。当時の染料や媒染剤の多くは高価な輸入品で、染色師の技術はしばしば商売上の秘密とされた。[3] 図aは絹の染色技術を記した15世紀の写本である。ヴェッキオ宮のフランチェスコ一世の小書斎には、染料槽で布を煮染めする半裸の逞しい職人たちを描いた16世紀の作品が飾られている（図b）。

　ライケンは、前景にリールを使って染色桶に布を浸す職人を、後景に染めあげた布を運河で洗う職人の姿を描いた。この作業は染着確認に不可欠の工程で、18世紀の絹の染色工場を紹介したディドロの『百科全書』でも、布を濯ぐ様子が描写されている（図c）。

19. 靴職人

靴ではなく、その歩みこそ肝心だ

靴は足に履くもの、
しかし、肝心なのは靴ではなく、
それにより歩む道だ。
肉と血に住まう魂こそが、
靴ならぬ足こそが、
平安の御国へとともに歩みゆく。

19. 靴職人

a. デ・フェッラーリ
《貧乏人を助けるクリスピヌスとクスピニアヌス》
16世紀初頭

b. ファン・ブレケレンカム
《靴屋と糸を紡ぐ妻》1653年

c.《さまよえるユダヤ人の真実の肖像》
1770年頃

　古代ギリシャの画家アペレスの絵を靴屋が批判したとプリニウスは伝える。[1] 靴屋が古くからある生業だったことの証しである。ローマ時代には、皮なめし工とともにコレギウムを結成し、[2] 中世以後は手工業の代表として栄えた。その守護聖人は、ローマ時代に殉教した靴屋クリスピヌスとクスピニアヌスである（図a）。[3]

　職人は革エプロンを着けて三脚椅子に座り、膝に掛けた紐の張りを加減して靴を押えて作業をした（図b）。ライケンの下絵も当初はその場面に焦点を当てていたが（233頁・挿図17）、結局、本図のように職人と店先で靴を試す客のいる構図を採用した。

　18世紀に流行したフランス民衆版画「さまよえるユダヤ人」の後景には靴屋の店が見える（図c）。主人公は、十字架を運ぶキリストが疲れて立ち止まったとき、「歩け」と命じ、侮辱したユダヤ人である。[4] 彼は、この罪のゆえに、永遠に世界を放浪して歩く運命を負うことになるが、その職業は靴屋であった。

20. 櫛職人

もつれを梳きほぐせ、ひどくなる前に

夜の眠りで乱れた髪は
朝方には元どおりに整えられる。
人は便利な道具を思いつくものだ。
だが、肝心な心は
年がら年じゅう乱れたままで、
罪の温床であり続ける。

20. 櫛職人　55

a. 《くしひき》
（『七十一番職人歌合絵』1500年頃）

b. デュブルイユ
《貴婦人の目覚めと化粧》
1602年頃

c. ネッチェル
《子の世話をする母》部分
17世紀

　櫛は石器時代からつくられていた。古代ギリシャ・ローマ時代には、象牙やツゲを使った精巧なものも使われた。中世になると素材の種類はさらに広がり、装飾にも意匠が凝らされた。ルネサンス期には人々は櫛の流行を競うまでになっていった。[1]
　本図では、後景の二人が材料を板状に切り出し、前景の職人がそれに歯を付けている。16世紀日本の櫛挽職人も、似た手順で櫛をつくっていたようだ（図a）。
　西洋絵画では、櫛は化粧の場面の小道具として登場する。16世紀後半のフランスには「化粧する婦人」の図が数多くある。鏡や宝石を伴うため、一般にヴァニタス（この世の虚しさ）の寓意とされるが、それらの作品にはむしろ女性美称賛の意図が感じられる（図b）。一方、17世紀オランダ絵画では、母親が子供の髪を櫛けずり、蚤を取る場面が描かれた（図c）。この場合の櫛には、身体の美化と同時に教育による精神の浄化の意味が込められている。[2] 右側の遊び続ける子供は教育の及ばぬ状態を暗示している。

21. 眼鏡職人

焦点が合わなければ、見えてこない

眼鏡のおかげでものが近くに見える、
さもなくば見えなかったものが。
同じように、もし心が、
虚しさを知り、俗世の
もろもろから眼を閉ざせば、
永遠なる主は一層大きく見えるだろう。

21. 眼鏡職人　57

a. トンマーゾ・ダ・モデナ
《枢機卿ウーゴ・ディ・プロヴェンツァ》
1352年

b.《眼鏡屋》
（アマン『職人づくし』1568年）

c. ステーン
《眼鏡売り》
1649-53年頃

　ロジャー・ベーコンは13世紀にレンズが視力矯正に役立つことを指摘しているが、同じ頃、イタリアでは実際に眼鏡が製作されていた。14世紀初頭のヴェネツィア法定ギルドのガラス工に関する記述には、眼鏡への言及がある。[1] 一方、絵画に初めて登場した眼鏡は、トンマーゾ・ダ・モデナによるドメニコ会士の肖像画（14世紀半ば）と言われている（図a）。[2] 聖ヒエロニムスが眼鏡職人の守護聖人となったのは、ギルランダイオが、1480年制作の《書斎の聖ヒエロニムス》（オニサンティ聖堂）で、聖人の机の上に眼鏡を描いて以来のことである。[3]

　16世紀のアマンの版画には、ディヴァイダーを使う職人の姿が見える（図b）。本図では、老人が店先で鼻眼鏡を試している。16世紀初頭になると、それまで老眼鏡だけだった眼鏡に近視用が加わり、17世紀には広く庶民にまで広く普及した。[4] 17世紀のステーンが描いた眼鏡の行商人の姿には、そうした時代の変化が読み取れる（図c）。

22. 針職人

持てるものの多ければ、それだけ注意も必要だ

いと心地よき神の口より
厳しく、恐ろしい御言葉がきこえた、
針の穴をこそ考えよ、と！
それでも思慮なき心は、
金よ、財産よ、と、この世の富を求め、
主の祝福を妨げだと言い放つ。

22. 針職人　59

a. 《針づくり》
（宋應星『天工開物』1637年）

b. ヴィーコ
《勤勉》
16世紀

c. ファン・ロー
《求愛》
17世紀

　人類は旧石器時代後期から骨角の縫い針を使っていた。ポンペイの遺跡からは手術用の針も発見されている。鉄の針金から針をつくる方法が確立したのは14世紀以降のことである。ヨーロッパで最初に針づくりが産業化したニュルンベルクでは1370年に組合が結成されている。[1]

　本図では、右手の職人が滑車を回して針金を細く引き抜き、他の職人たちはそれを鋏で短く切り、針穴を開け、熱を加えながらやすりで先端を磨き、針に仕上げている。中国では17世紀明時代の「針づくり」図（図a）が示すように、針は鍛練でつくられた。[2]

　西欧絵画では、縫い針は聖母マリアの持物（アトリビュート）として描かれることがある。[3] 縫物をする女性の姿は、勤勉の寓意であったり（図b）、家庭での女性の役割りを強調する意味を帯びることもある。このため、17世紀オランダでは、針仕事をする女性の描写は、勤勉を危うくする恋愛と対置されることもあった（図c）。[4]

23. ピン職人

賢き決断は、遠く先を見越す

人は地獄を恐れない、
その危険を避けることができるなら。
しかし、もし不ぞろいのピンが刺さったら、
もろい心はその痛みに耐えられぬだろう。
もしできのよいピンなら、
皆のためとっておこう。

23. ピン職人   61

a. 《留針つくり》
（アマン『職人づくし』1568年）

b. フェルメール
《レースを編む女》
1670年頃

c. ミテッリ
《リボン、レース、ピンの行商人》
1660年

　ピンの利用は旧石器時代後期に始まり、青銅器時代にはすでに安全ピンの原型ができ上がっていた。古代ギリシャ・ローマ時代の衣服は布を身体に巻き付ける形式だったため、ピンが広く用いられた。[1] 中世ヨーロッパでは、富者向けには象牙や金や銀のピン、庶民のためには質素な木製のピンがつくられた。15世紀になると、フランスを中心に針金からピンを製造する方法が定着する。[2] ライケンが描いたのは、この方法によるピンづくりの様子である。後景で働く男の職人たちは、アマンの版画にも見られるように、引き抜いて細くした針金を適当な長さに切り、一方の端をやすりで鋭くして、反対の端に真鍮の頭をハンダ付けしている（図a）。できあがったピンは、手前の女性たちの手で台紙に挿し並べられて、出荷された。

　仕立て屋やお針子はピンを刺繍やレース編みに用いた（図b）。[3] 17世紀イタリアの版画には、ピンを売り歩く哀れな行商人の姿が描かれている（図c）。

24. 金線工

美徳はいつも若々しい

金メッキを施した銀線は、
鉄の穴の狭い門を通っても、
金の装いを失わない。
敬虔な者は狭き道より行き、
輝きを保つ、最初に手に入れたままに、
死して、皆がそれを嘆くときにも。

24. 金線工

a. 《金線工》
（ディドロ『百科全書』18世紀）

b. ハルス
《笑う士官》
1624年

　金属を糸のような細い線にする技術は、鍛造に次ぐ古い歴史を持つ。紀元前2000年以前には金線の引き抜き製造が行われ、8-9世紀には様々な線がつくられ始め、12世紀頃までには伸線加工技術が確立していたと考えられている。[1]

　ライケンは作業場の風景に伸線加工の道具を描き込んでいる。金線をつくるには、まず、金や銀の細い棒を鋳造し、それをダイスの孔を通して太線にする。徐々に孔を小さくして引き抜き、リールでコイルに巻き取って、針金や糸として使える細い線に仕上げる。貴重な材料を無駄にしないよう、工程ごとに天秤で重さを確認する。ディドロの『百科全書』は、金糸を巻き取る職人の姿を掲げている（図a）。

　できあがった金糸は、布に織り込まれたり、刺繍に使われたりした。金糸の入った織物や刺繍はローマ時代から存在するが、[2] ハルスの肖像画には17世紀オランダの例を見ることができる（図b）。金や銀の針金は装身具や衣服の芯をつくるためにも利用された。[3]

25. 真鍮細工師

なべての輝き、実在にあらず

金にも似た真鍮のきらめき、
でも、確かめればわかること。
華やかなこの世の平安も、
眩しく輝き、真実の至福と思えようと、
それは、金にあらず、
死の試練を経れば、ただの銅だ。

25. 真鍮細工師

a. 《真鍮鋳物工場》
（エルカー『鉱石と鉱山の書』1574年）

b. 真鍮製のアストロラーヴ
（16世紀末）

c. テル・ボルフ
《好奇心》部分
1660年頃

　真鍮は銅と亜鉛の合金で、銅より硬く、加工しやすい利点がある。古代ギリシャの昔から、一種の滲炭法を使い、銅を菱亜鉛鉱物と木炭とともに処理してつくられていた（図a）。[1] 中世から17世紀にかけて、特にイギリスを中心に、真鍮の板に肖像や紋章を線刻し、聖堂の扉や墓を飾るようになった。[2] 16世紀の詩人ザックスは、その様子を「君侯の墓石に彫刻し／紋章を彫り込んできた」と謳っている。[3] 真鍮は天文学や測量術、航海術を支えた精密器具の主要材料でもあった（図b）。

　16世紀まで、富裕な家庭には真鍮でつくった大皿や水盤が飾られていた。装飾品としての地位はやがて金銀に譲るが、その後も、真鍮製品は実用品として好まれ続けた。[4] 真鍮製のシャンデリアや卓上用の燭台が、17世紀のオランダ市民の間で広く使われていたことは、当時の室内画に窺うことができる（図c）。本図の前景には、真鍮のカリヨンも見える。カリヨンを愛好するオランダは、当時のカリヨン製作の中心地でもあった。[5]

26. 白目細工師

自らのうちに宝を探しなさい、何よりも美しい器のなかに

この世は肉と血の山。
美しききらめきは心のなかにこそある、
もし人がそこへと掘り進めるなら。
同じように、心をほかに向ければ、
輝く金属が見つかるだろう、
闇から光のなかへ御姿を現わす主が。

26. 白目細工師　67

a. 《錫工》
（アマン『職人づくし』
1568年）

b. ストスコプフ
《ザリガニとレモンのある静物》
1637-40年頃

c. ステーン
《不摂生の結果》
1663 - 65年頃

　錫合金である白目は、古代ローマから知られていたが、当時は鉛の含有量が多いため黒変しやすく、食器には適さなかった。[1] ようやく中世に良質な銀色の白目が考案され、13世紀後半からフランス、フランドル、ドイツで皿や装飾品、教会用の容器などに使われるようになった。1348年にロンドンの白目細工職人は、合金に使う主要金属の規程を公布し、後には材料を検査する権限も得て、以来、イギリスが白目細工の中心地となった。[2]

　ライケンの時代のオランダでは、イギリスやスウェーデン、メキシコから原料を輸入して白目を鋳造していた。[3] 銀より安価な白目は、主に実用的な食器に使われた（図a）。ライケンが描いた白目の大皿や水差しは、オランダのみならず、広く当時の絵画の中に見出すことができる。図bは17世紀アルザスの画家による静物画である。図cでは、倒れた白目のワイン差しが、酔い潰れた母親の怠惰を強調するために使われている。

27. 秤職人

正確にはかれ、厳しき主の御眼の前で

われらが心の平衡目盛りよ、
永遠の善と、つかの間の善と、
いずれがわれらに重要か、
考えてみるがよい。
永遠の善の方が上に来なければ、
偽りの邪悪な天秤皿だ。

27. 秤職人   69

a.《天秤師》
（『人倫訓蒙図彙』1690年）

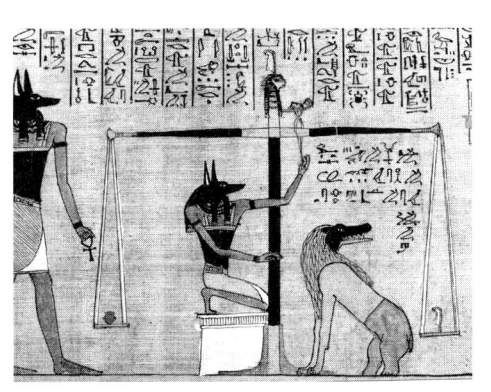

b.《フネフェルのパピルス》
前1250年頃

c. フェルメール
《天秤を持つ女》
1660年代

　長く棹秤を使っていた日本に中国から天秤が伝わるのは16世紀後半であるが（図a）、[1] 人類がつくった最初の秤は天秤で、紀元前5000年頃のエジプトの遺物が伝わる。[2] 紀元前1250年頃のパピルスに描かれた天秤の構造は、今日のものと大差ない（図b）。

　本図で客が手にしているのは、硬貨や宝石を量るための天秤である。貿易で栄えたオランダ商人にとって、商品の重さを正確に量ることはまさしく死活問題であった。[3]

　17世紀のオランダでは、天秤で金貨を量る老人のイメージが、貪欲の寓意として流行した。しかし、伝統的には天秤は「裁き」と「正義」の象徴であり、当時のエンブレマータにも、良質の秤は真理を白日にさらすとある[4]。ライケンも挿絵の下に、永遠の善を上位に置く秤こそが良き秤であるという詩文（前頁）を添えている。商業国オランダの人々は、フェルメールの作品にあるように（図c）、真理の顕現である「最後の審判」を想いながら、日々秤を使っていたのであろう。[5]

28. 鍛冶屋

勤勉であれ、まさにしかるべきときに

鉄は、火によって焼き尽くされ、
加工のできるものとなる。
さて、形を整えるときだ。
人よ、かく心を加工せよ、
燃え立つ人生のしかるべきときに、
後悔に心乱れることのないよう。

28. 鍛冶屋　71

a. ベラスケス
《ウルカヌスの鍛冶場》
1630年

b. ピサーノ
《トバルカイン》
1334-43年頃

c.《鍛冶場》
前6世紀、
アッティカ地方の壺

　鍛冶職人は、鉄や銅などの金属を高温で熱し、鍛え、成形し、様々な製品をつくる。例えば、職人の道具、家庭用品、馬具や蹄鉄、さらには芸術的な装飾品も手掛けた。中世ヨーロッパでは、金属の種類や製品ごとにそれぞれの鍛冶職人が存在した。[1]
　そのイメージは古来から豊富で、ギリシャ神話ではヴィーナスの夫で鍛冶職人のウルカヌス（図a）、キリスト教では最初の鍛冶屋トバルカイン（図b）が描かれた。なかでも好まれたのは、職人が金属を鍛える力強い工程である。紀元前6世紀のギリシャの壺絵（図c）でも、鍛冶屋が金槌を振り上げ、鉄床の金属を打っている。
　本図は、そうした伝統的な作例とは一線を画す。鍛冶職人は、左手でふいごの紐を引き、炉に空気を送っている。金属を最適の温度に熱するために、火加減を微妙に調節しているのである。メリハリの効いた明暗に火の勢いのよさが感じられる。「鉄は熱いうちに打て」といったメッセージが読み取れそうな描写である。

29. 銅細工師

準備ができれば、戦いは終わり

幾度となくたたく、
求める形ができるまで。
敬虔なる者にも、また、
試練の槌が振り下ろされる
人の永遠なる魂の器が、
望ましい状態になるまで。

29. 銅細工師　73

a. 《銅細工師》
（アマン『職人づくし』1568年）

b. ブラーメル
《鍋を修理するよろず屋》
1650年代

c. 《銅細工の仕事場》
（『荏柄天神縁起絵巻』）
14世紀前半）

　銅は最古の有用金属とされ、鉄の発見以前には、銅を中心に冶金術が発展した。[1] 古代ローマでは、大規模な鉱業と熔錬が行われ、銅細工師は強力な同業組合を形成していたと言われる。[2] 17世紀オランダの銅細工師は、銅の薄板やワイヤーなどを材料に、台所用品、牛乳売りの缶、さらには工業用の大釜などを手掛けた。原料となる銅は、主としてスウェーデンからの輸入品で賄われていた。[3]

　本図では、職人が槌を振り上げ、鍋状の容器を成形している。先例となるアマン、ブラーメル（図a、b）でも、職人は同様のポーズをとり、似たような帽子と作業用の前掛けを着けている。ただし、ライケンでは、戸外で大釜をたたく職人の姿が付け加えられ、大小さまざまの製品を生み出す職人技が強調される。14世紀前半の日本の職人図（図c）では、銅細工師が鍛冶場で銅を鍛え、鞍金具をつくっている。背後の壁に貼ってある数枚の紙は、注文品の図案なのだろう。

30. ランタン職人

過ちを冒したくないなら、イエスの光に従いなさい

主の御言葉は我らを照らし導く、
この世の闇の中、不確かな獲物を追い、
命が危険にさらされるとき、
足元を照らすランタンのように。
導きの星の近くにいよ、
主が永遠の光に導いて下さるまで。

30. ランタン職人

a.《提灯職》
(『新撰百工図絵』19世紀前半)

b.《提灯づくり》
(アマン『職人づくし』1568年)

c. ダウ
《夜間学校》
17世紀

　ランタンは、古今東西、その形も素材も多種多様である。古代エジプトでは、金属器や籠のランタン、日本では、割竹の骨組に紙や絹を貼った提灯が使用された（図a）。そして西洋では、本図のように、本体を銅や真鍮、明かり窓をガラスや薄い牛の角でつくった。製作には銅細工師やランタン職人があたり、屋内や携帯用の照明、街灯として用いられた。例えば、ライケンの時代のアムステルダムでは街灯が広く普及し、またパリでは、夜道をランタンで照らす「ファロティエ」という職業が創設された。[1]

　本図では、窓際の明るい作業場の向こうに街路や運河が広がる。夜になればこの界隈にもランタンが点されたに違いない。心憎い構図のとり方である。こうした細部は、アマン（図b）にはなく、ライケン独得の表現である。

　絵画に描かれたランタンは、時に象徴的な意味を担った。例えば、ダウの《夜間学校》（図c）のランタンは、闇夜を照らす啓蒙の光として、教育や知恵を表す。[2]

31. 刃物職人

笑う者がいれば、嘆く者がいる

間違った手に握られると、
刃物は危険な状況をつくりだす。
だから子供はナイフで遊ばせない。
同じように、この世のため、人間のためと、
望むがままに振る舞えば、
重大な災難に至りつく。

31. 刃物職人

a. 《鎌つくり》
（アマン『職人づくし』1568年）

b. テル・ボルフ
《刃物研ぎ》
1653-55年頃

c. 《刃物師の仕事場》
（ディドロ『百科全書』
18世紀）

　刃物職人は、鋼鉄の鍛冶、刃の成形、柄付けの作業を一手に引き受け、鎌や料理包丁、文房具、医療器具、職人の道具など、さまざまな用途の刃物をつくる。その鍛冶技術の歴史は古く、種々の金属鍛冶職を生み出してきた。[1]

　アマンの職人図（図a）では、「鎌づくり」が取り上げられ、テル・ボルフの《刃物研ぎ》（図b）では、職人が大きな砥石で鎌を研ぎ、ディドロの『百科全書』（図c）では、前景に大きな回転砥石が置かれ、奥の作業台には小さな砥石が見られる。刃の研磨も彼らの重要な仕事の一つだった。本図の職人は、万力で刃を固定し、柄付けをし、小型ナイフをつくっているようだ。客たちはその傍らで刃の切れ味を確かめる。

　絵画では、一定の登場人物が手に刃物を持って描かれる。例えば、鎌（大鎌）は、サトゥルヌス・クロノス・「時の神」の持物（アトリビュート）である。ナイフで皮を剥がされた殉教者バルトロマイでは、ナイフが持物となった。[2]

32. 刀鍛冶

決して血を流さぬ子羊は、
オオカミの脚爪を持たない

子羊の歩みに従う者は、
刀屋に来て、金を使わない、
敵は刀を恐れないから。
その他の敵は、
広い心で受け入れよ、
まさに主がなされたように。

32. 刀鍛冶   79

a.《刀鍛冶と大兜製造職人》
   1250年頃

b.《刀鍛冶》
  （アマン『職人づくし』1568年）

c.《刀鍛冶の作業場》
  （ディドロ『百科全書』
   18世紀）

　刀鍛冶の歴史は古いが、ヨーロッパで刀剣の市場が拡大し、同職組合が結成されたのはようやく中世のことである。その背景には十字軍や騎士身分の確立、都市の形成、それに伴う武具や刀剣の需要の増加があった。[1] 職人図でも、13世紀の鍛冶場には、刀鍛冶と武具師が並んで描かれている（図a）。一方、時代が下がると、刀剣の製作と販売が同じ画面に描かれることが多くなる。例えば、16世紀のアマン（図b）、本図、18世紀のディドロ『百科全書』（図c）のいずれにも、窓際で作業をする職人、刀剣のディスプレイ、刀剣を吟味し選ぶ客たちが見られる。

　17世紀のオランダでは、軍人ばかりではなく、上流階級の富裕な紳士たちも、一種のステイタス・シンボルとして刀を購入した。[2] 本図と図cには、店の外の通りに人影が見える。剣を携えて歩く男たち、フェンシングに興じる二人組である。こうした細部にも、刀剣の購買層の存在がさりげなく示されている。[3]

33. 鉄砲鍛冶

美徳の銃は役に立つ、汝の出会う悪徳の前で

たとえ銃の腕が確かでも、
真の敵に命中しない。
地獄の敵との戦いで
手にとるべき真の武器、
それは、信仰心に導かれ、
心からこみ上げてくる望み。

a.《鉄砲鍛冶》
　（アマン『職人づくし』
　　1568年）

b.《銃身中ぐり機械と砥石》
　（ディドロ『百科全書』18世紀）

　ヨーロッパの鉄砲は、14世紀における火薬と大砲の発明に由来する。その後、15世紀以降に改良が重ねられ、16、17世紀には、火縄銃、マスケット銃など、様々な名称の手銃がつくられた。これらの鉄砲は、通常3つの部分からなる。すなわち、弾丸を導き火薬を装填する銃身、引き金で操作される発火装置、そして銃身を身体に適合させるための銃床である。[1] 17世紀オランダでは、銃身や発火装置などの金属部分は鍛冶職人、木製の銃床は大工職人が手掛け、装飾などは金細工師、宝石職人が担当した。[2]

　職人図も鉄砲づくりの発展とともにあり、その時代の製作方法を反映する。アマンは、鉄砲鍛冶（図a）と銃床づくりとを区別して取り上げたが、本図では発射装置を調節する職人と銃床を運ぶ職人とが共に働く様子が示されている。さらに、18世紀の『百科全書』（図b）には大規模な工場生産の様子が描かれた。銃身の中ぐり機械や研磨機は水力で運転されている。

34. スケート靴職人

ちょっとした歓びのため、大きな危険を冒す

この世の心がごまかしを渇望する限り、
怠惰は、歓びを求め、
水の上を行き、
その下に住む死に深淵の口を開かせる。
人も、また、地上の渦の上に遊ぶ、
地獄の入り口の上にいるというのに。

34. スケート靴職人

a. アーフェルカンプ
《凍った運河のある冬景色》
1620年頃

b. ブリューゲル
《アントウェルペンのシント・ヘオルヒウス門
付近でスケートをする人々》部分
1558年

c. 《ルドヴィナの転倒》
（ブルグマン『スヒーダムの聖女ルドヴィナ伝』
1498年）

　スケート靴職人は、木片を鉋や鋸で成形し、鉄の滑身を付け、革紐を通してスケート靴をつくる。[1] スケート靴の起源は定かではないが、古代スカンジナビアの住民は一種の獣骨踏氷具を用いたと言われる。[2] 凍った川や湖、沼や運河でスケートを楽しむ老若男女の情景はオランダの冬の風物詩であり、絵画にも幾度となく描かれた（図a）。ライケンが「スケート靴職人」を取り上げたのも、そうした背景があってのことだ。
　しかし、氷の上では時に悲劇も起こる。絵画にも、薄い氷が割れて冷水に落ちる者、滑って転ぶ者が描かれた（図b）。スヒーダムの聖女ルドヴィナは、15歳の時にスケートで転倒したため、余生を激痛に耐えて過ごしたとされる。[3] その転倒の様子を描いた木版画（図c）は、スケートの情景を捉えた初期の作例である。聖女もまた、スケート靴を履き、その紐を足首に巻き付けている。

35. 帆げた職人

洪水が押し寄せて来たら、身を守れ

帆げたを操る者は、
東へ行くために、
進行方向をしっかり西にとる。
主を求める魂も同じこと。
真の歓びの源へたどり着くため、
この世の贅沢と楽しみから身を引く。

35. 帆げた職人　85

a.《貨物船》
（コメニウス『世界図絵』）1658年

b.《木材運搬人》
（『パリ市長と助役の政令』
1500-01年）

　帆げたづくりは、モミ材などの木材を刀で成形し、船のマストや帆げた（図aの4の部分）をつくる。職人は船大工のギルドに属した。[1] 本図にも明らかなように、作業場はたいてい港の造船所に隣接していた。ひしめき合うマストからは賑やかな活気のある港の様子が伝わってくる。オランダ人ライケンの編んだ本書には、海運国らしく、造船に関わる一連の職業が取り上げられている。すなわち、本図の「帆げた職人」のほか、「ビルジ用ポンプ職人」、「船大工」、「綱職人」、「帆布職人」の5つ（→ no. 36、37、38、39）である。当時は、オランダの革新的なマストの製作技術がヨーロッパじゅうに広まっていた。ライケンがこの珍しい職業に着目したのも頷けよう。[2]

　ただし、この特殊な職業は、他の職業図にはほとんど登場しない。本図のような木材の成形は、きこりが木の枝を切り落とし、角材、円材に仕上げる場面や、木材運搬人が材木を束ねる情景（図b）など、製材業、林業などの場で描かれた。

36. ビルジ用ポンプ職人

難破を望まぬ者は、手を動かして働く

難破した船に浸水した水を、
ポンプが再び吐き出すように、
人は、人生という船に乗り、
神を求めて、この世の海を渡り、
自らのうちに巣食う怠惰を、
絶え間なく、繰り返し、吐き出す。

36. ビルジ用ポンプ職人　87

a.《鉱山業でのポンプおよびポンプづくり》
(アグリコラ『鉱山書』1556年)

　ビルジ（船底の湾曲部）用のポンプづくりは、造船業のなかでも特殊な大工仕事の一つである。本図は、ポンプの管をつくる場面を捉えている。職人は、力を込めて錐のハンドルを回し、円柱状の木材に穴をあけている。17世紀までの船は主として木造であり、高い造船技術を誇る船でも、航海中に海水が隙間からしみこみ、ビルジ部分に溜まった。こうした海水を取り除くビルジ用ポンプは、安全な航海に不可欠な装置であった。[1]

　この極めて専門的な職業が描かれるのは、帆げた職人と同様に、稀である。ローマの建築家ウィトルウィウスによれば、ポンプ自体は、紀元前3世紀頃のクテシビウスの発明とされる。[2] 中世ヨーロッパでは、ポンプは鉱山業に必須の排水機として発達した。16世紀アグリコラの『鉱山書』には、本図と同じように、木材に錐で穴をあける工程が描かれている（図a）。[3] その左側には、ポンプの仕組みも詳しく図解されている。

37. 船大工

砂地と岩礁を避けよ、命の船で行くときは

勤勉は身の危険を顧みない、
深淵が大口を開け、命を狙う中、
木舟に乗って、荒波にもまれようとも。
思うべきは永遠の命、
そこにいかに至るかは、
勤勉さが眠っているか否かだ。

37. 船大工

a. 《ガレー船》
（コメニウス『世界図絵』1658年）

c. ギベルディ
《方舟の建造》
15世紀初期

b. ペレル
《船の修理》
1603年

　船大工は、元来は大工が兼ねていた。紀元前2600-2500年頃のエジプトでも、大工が木製の小舟をつくっていたとされる。[1] しかし、ギリシャ・ローマ以来のガレー船（図a）、大航海時代の全帆装船など、造船業の発展を支えたのは船大工であった。[2]

　17世紀オランダの船大工は、設計図を作成し、船体の肋材や板材を成形し（本図）、それらを組み合せて船をつくり、仕上げにはタールなどを塗装した。船の修繕も重要な仕事であった。[3] 大型船の修繕の様子はガブリエル・ペレルの版画に細かく描写されている（図b）。

　伝統的な絵画イメージとして、聖書の「ノアの方舟」の建造場面（図c）がある。方舟は、信者の魂を守り救済する「キリスト教会」として表された。[4] 洋上の船も絵画の題材として好んで取り上げられた。波風に翻弄される船、凪いだ海を渡る船。こうした情景には、恋愛の悲喜、人生の禍福が重ね合わされることもあった。[5]

38. 綱職人

経過は誤っていようと、仕事は正しい

敬虔なる人の振舞い。
理解できぬ者には誤って見えるが、
それでも、立派な行いとなり、
嵐の中では役に立つ。
だから、命の船はつながれている、
撚りをかけた錨綱に。

38. 綱職人

a.《綱つくり》
（アマン『職人づくし』1568年）

b.《綱職人》
（コメニウス『世界図絵』1658年）

c.《製綱工場》
（ディドロ『百科全書』18世紀）

　中世ヨーロッパの綱づくりは、当初は簡単な木製鉤を用いる素朴な作業だったが、その後、製綱用糸車の発明により効率的な生産が実現した。職人は、素材を紡ぎ、引っ張り、ねじりを加えて、紐をつくり、それらを3本以上撚り合わせて綱をつくった（図a）。13世紀末のパリには、26人の綱職人が確認されている。綱の素材は、菩提樹の樹皮、亜麻、麻、パイル、絹と、種類に富んでいた。[1]

　絵画では、糸紡ぎや織り物師と比べると、綱職人はあまり描かれなかった。ライケン、コメニウス（図b）では、職人が腰に麻繊維を巻き、後ろ向きで歩きながら、指で紐を撚り出している。ディドロの『百科全書』（図c）には、綱に撚りをかける作業が見られる。張力と耐久性に優れた綱はどんな用途にも応えられるため重宝されたが、ライケンは、造船業に関わる一連の項目の中で綱づくりを取り上げ、海運業に欠かせない製品であることを強調しているようだ。[2]

39. 帆布職人

速い風をつかめ、風が救いに導いてくれるから

マストに張った帆は、
船と人を運んで海を行く。
おお、人よ、帆を張れ、
熱き願いの帆を掲げよ。
神の聖なる御心もまた、汝を導く、
黄金の岸辺、神の救いへと。

39. 帆布職人　93

a. 《軍船と商船》
　前500年頃、
　ローマ付近出土の壺絵

b. ファン・フリート
　《帆布職人》
　1635年

c. ファン・デ・フェルデ
　《オランダ船》部分
　1658年頃

　古代エジプトの小舟に帆が張られて以来（図a）、帆布づくりは造船業に不可欠の職業となった。特に、15世紀における全帆装船の発展に伴い、帆布の需要は一層高まり、漁の小舟や大型貿易船など、それぞれに適した帆が必要となった。[1]

　ライケンの時代の職人たちは、まず、亜麻布を特殊な形に切って断片化した上で、それを図案に従って縫い合わせた。風に強い丈夫な帆布は、こうした作業を経てはじめてでき上がる。[2] ライケンとヤン・ヨーリス・ファン・フリート（図b）が縫い合わせの作業に焦点をあてた所以である。ライケンの場合は、職人の背後に海上の船を描き込むことで、造船業における帆づくりの重要性を強調し、航海貿易の覇者オランダの栄光を見る者に想起させている（図c）。

　帆のイメージは象徴的な意味とも無縁ではないようだ。神の導きで大海原を渡る船、順風を捉えて膨らむ帆。本図のモットーにもキリスト教的な教えが濃厚に漂う。

40. 桶職人

しっかり締めなければ、漏れ出てしまう

注意深い命のたがは、
神の御言葉を与えられて、
貴い魂の湿りを、人の心の中に
しっかり閉じ込めねばならない。
さもなくば、ワインがポタポタと滴り、
人はからっぽの桶になってしまう。

40. 桶職人

a. 《桶屋》
『イタリアの時禱書』
16世紀初頭

b. 《桶屋》
（アマン『職人づくし』1568年）

c. ステーン
《踊る男女》
1663年

　桶職人は、カシ材やモミ材の「樽板」と木製や鉄製の「たが」を用いて、木製容器の製作、修理を行う。その製作技術は、古代エジプトで発達し、ローマ時代によく知られ、中世を通じて存続した。その後、海洋貿易の発展に伴い、商品を貯蔵する桶（樽）の需要が高まり、桶（樽）製作は一層盛んになった。職人たちは同業組合を結成していたが、19世紀末頃になると、桶（樽）の製作所は食品工場のなかに吸収された。[1]

　職人図で好んで描かれたのは、槌を振り上げて鏡板やたがを打つ工程である（図a）。アマンの図（図b）は例外で、製作工程が前景から後景へと段階的に示される。古今東西の生活必需品である桶（樽）は時に教訓的な意味を表す。日本語に「たががゆるむ」という表現があるが、本図でも、心のたがを締めて信仰心を満たすよう説いている。騒がしい祝宴（図c）に転がる空の桶（樽）は、「空の器ほど音が大きい（無知な者ほど大声を上げる）」という教訓的諺を暗示している。[2]

41. 油屋

心の油を搾り出せ、敬虔の光をまたたかせる油を

常緑のオリーヴの木は、
死ぬほどに搾り上げられ、
美しい油をもたらし、
魂のランプに神の恵みを灯す。
その火は、慰めの芳香を吸い上げ、
神の御前で永遠に煌く。

a.《油屋》
（アマン『職人づくし』1568年）

b. ストラダヌス
《オリーヴ油》
1590年頃

c. デ・マン
《ヤン・マイエン島の鯨油工場》
1639年

　油には、古来から、オリーヴ油、菜種油、アマニ油といった種類がある。食用だけでなく、軟膏、ランプの燃料、潤滑油、香料などにも用いられた。オリーヴ油は、近東や地中海域の古代諸帝国で使用されており、次第に西方へと伝播した。菜種やケシの実の油はヨーロッパでは新石器時代以降使われ、栽培も行われていた。精製過程はほぼ同じで、実や種を加工処理して、圧縮し、液体化したところで水分を分離させて精製する。[1]

　油を儀式的に塗布する行為は宗教界において洗礼と同じく普遍的に行われ、聖別、治療、叙階などを意味した。[2] 絵画では、香油壺がマグダラのマリアの持物（アトリビュート）として頻繁に描かれた。[3] 職人図においては様々な製油工程が描写された。アマンは種の圧搾機に焦点をあて（図a）、ストラダヌスは製油過程を細かく捉えてゆく（図b）。図bの右端で漏斗を用いる職人の姿は本図の原型と考えられる。時には大規模な鯨油工場が描かれることもあった（図c）。

42. 蠟燭職人

損失を最小にし、大きな利益を求めよ

火は蠟燭を溶かし、
家は光によって輝く。
蠟燭はそのためにつくられた。
ああ、この世の生身の人よ、
神が望まれるのは、
身体の死と放棄を経て輝く汝の心の光。

42. 蠟燭職人

a.《蠟燭づくり》
（ディドロ『百科全書』18世紀）

b.《蠟燭師》
（『絵本我妻の花』19世紀初頭）

c. ペレーダ
《虚栄》
1640年頃

　蠟燭の起源は古く、古代エジプトや古代ローマでは、獣脂や蜜蠟の蠟燭が使用されていた。[1] その製法は幾つかあり、本図のように、蠟燭の芯を液蠟の容器に繰り返し入れて、蠟を重ねる手法のほか、液蠟を型に流し込む手法（図a）や、液蠟を手でかける方法（図b）がある。[2] 一般に、安価な獣脂の蠟燭は悪臭がきつい上、使用の際に蠟を削る手間がかかる。一方、蜜蠟燭は明るい光とかぐわしい香りゆえに尊ばれ、高い値がつけられた。

　13世紀末のフランスでは、蜜蠟製品製造者は国王の侍従長の管轄下にあったが、17世紀オランダの蠟燭職人は、獣脂売りらと共に「小売組合」に属していた。[3]

　絵画における蠟燭は、まずは明暗効果のための光源である。ド・ラ・トゥールや「夜のジェラルド」と呼ばれたファン・ホントホルストの光は、見る者を瞑想へと誘う。寓意画（図c）や静物画では、骸骨や砂時計とともに命のはかなさを表すモティーフとなる。

43. 肉屋

無知なるものに分別なし

家畜は、仲間の血にまみれながら、
怯えることも、避けることも知らない。
無知なる心も同じこと。
隣人が傍らで命を落とし、
犠牲になるのを目にしても、
逃げようとさえしない。

43. 肉屋　101

a. 《肉屋と肉市場》
（『ブリュージュの時禱書』
15世紀後半）

b. アールツェン
《肉屋の店先》
1551年

c. ファブリツィウス
《梯子の豚》
1652年

　肉屋は、牛、豚、羊などの家畜を屠殺し、肉を薫製や塩漬けなどに加工して販売する。中世ヨーロッパでは、各農家で屠殺が行われる一方、都市では肉屋が同職組合を形成し、屠殺場や薫製室を所有していた。[1] 本図のような屠殺の情景は、伝統的な「月暦図」に起源を持ち、一般的に11月の冬支度の図に登場する。15世紀後半の月暦図（図a）には肉市場も描かれている。
　宗教画における肉屋や肉類は、心の糧に対する身体の糧を表す。アールツェンの写実的な《肉屋の店先》（図b）も例外ではない。本図や図b、cの「梯子の豚」は、肉屋の店先や晩秋の農家につきもののモティーフである。生々しい肉の描写は、画家の技量を示す絶好の機会だったが、最後の審判や死を意味することもあった。梯子の傍らでは子供が豚の膀胱をふくらませて遊んでいる（図c）。豚の膀胱は、シャボン玉のヴァリエーションの一つとしてヴァニタス（この世の虚しさ）を表わすとの説もある。[2]

44. 焼き菓子職人

今日は美しくても、明日は干し草

婚礼の食事は、
虚栄の食べ物。
明日には歓びも消え失せる。
しかし、汝、心に耳を傾ければ、
永遠なる善の宴を知る。
神の愛はその宴へと我らを誘う。

44. 焼き菓子職人　　103

a.《菓子職人の仕事場》
（ディドロ『百科全書』18世紀）

b.『腕の良い料理人』表紙
（1669年、アムステルダム）

c. ファン・デ・フェルデ
《田園の宴》1615年

　焼き菓子職人は、元来、パン屋と同じ同業組合に属していたが、17世紀後半のアムステルダムではすでにパン屋から独立していた。[1] 一般に彼らが専門とするパイやペストリー（図a）の中身は、カスタードクリームや果物、肉類や魚介類などであり、表面には、美しいデコレーションが施された。[2] 本図の職人が持つ、豪華な飾りの孔雀パイは、当時オランダで人気のあった肉類のパイであり、同時代の料理書の表紙（図b）や多くの静物画に登場する。また、焼き菓子職人は宴の仕出し屋としても活躍しており、絵画に描かれた戸外のパーティーにも、孔雀パイが見られる（図c）。

　ただし、こうした孔雀パイにはときに単なる流行の菓子以上の意味があったようだ。孔雀そのものが、結婚の女神ユノーを表すモティーフであり、贅沢、高慢、ヴァニタス（この世の虚しさ）を象徴するからである。いずれにせよ、宴の卓を賑わす焼き菓子は庶民には手の届かぬ贅沢品にちがいなかった。[3]

45. 製糖職人

キリストの血のなかに、甘美なる神は宿る

すっぱい酸に打ち勝とうとする者は、
強い酸から始めてはならない。
砂糖こそ真の武器。
ああ、神よ、あなたはこの辛い生に、
あなたの限りなき優しさをお与えになり、
かの大いなる罪をお示しになられた。

45. 製糖職人　　105

a. 《製糖工場の内部の様子》
（ディドロ『百科全書』18世紀）

c. ダウ
《食料雑貨店》
1672年

b. ブリューゲル
《養蜂家》
1565年

　砂糖は古典古代の時代から存在したが、ヨーロッパ中世の甘味料が蜂蜜やブドウ液であったため、12世紀頃まであまり多用されなかった。製糖業は遅くとも15世紀には始まり、その後17世紀のヨーロッパ、なかでもライケンの暮らしたアムステルダムで一大産業に発展する。[1] 砂糖の原料は、カリブ諸島やブラジルのサトウキビであり、現地で加工された糖液がヨーロッパへ運ばれ製糖された（図a）。

　甘味料の移り変わりは美術作品からも確認できる。例えば、16世紀にブリューゲルが描いたのは養蜂家（図b）だが、1世紀の後、本図で扱われたのは製糖職人である。ちなみに、本図の職人が運ぶのは製糖後の円錐状の棒砂糖であり、同じ形のものは食料雑貨店の商品としても登場する（図c）。[2] しかし、教会は依然として砂糖を贅沢品とみなし、一時の「甘美」に対して警句を発した。[3] 本図のモットーばかりでなく、製糖所の背後に見える教会もまた、同様のメッセージを伝えているのかもしれない。

46. 薬剤師

キリストの血という飲み物は、心のすばらしき糧

ちょうど薬屋が、
体の痛みと病のためになるように、
幸いを望みながら、
魂の悲しみに悩む者に役立つのは、
品ぞろえの豊富な、
主の御言葉と呼ばれる店。

46. 薬剤師

a.《薬剤師》
(アマン『職人づくし』1568年)

b.《薬種屋》
(『人倫訓蒙図彙』1690年)

c. ダウ
《にせ医者》部分
1652年

　薬の調製と販売を行なう薬剤師の起源は遠く古代ギリシャ・ローマの薬種商に求められる。一方、ヨーロッパに薬局ができたのはようやく11世紀で、その契機となったのは、錬金術に刺激され発展したアラビア薬学技術の到来であった。12世紀になると同業組合を模した薬剤師の組合も結成され、1240年には皇帝フリードリヒ2世が勅令により法律上の地位を与えた。[1]

　本図では、薬剤師が店の外に立ち、大きな鍋で薬を調合している。アマンは、乳鉢で原料を搗り潰しながら接客する薬剤師を描いた。店内には陶器製の原料容器や混合用のボウルなどが所狭しと並んでいる(図a)。図bは17世紀後半の京の薬種屋を描いたもので、押し切りで薬草を刻み、薬を調剤している。オランダ絵画では、行商する薬剤師の姿は「にせ医者」と重ね合わされた。ダウの絵では、いかさま薬剤師と画家の自画像を並置し、錯視によって目を欺く絵画の特質を諧謔的に描き出している(図c)。[2]

47. 庭師

義の園は、地上にあらず

人は囲われた庭を愛する、
そこには歓びと安らぎがある。
だが、花咲く園に人は別れを告げねばならない。
だから、思慮深く、賢き人は、
楽園に種をまき、木を植える、
命が永遠に楽しく過ごすであろう彼の地に。

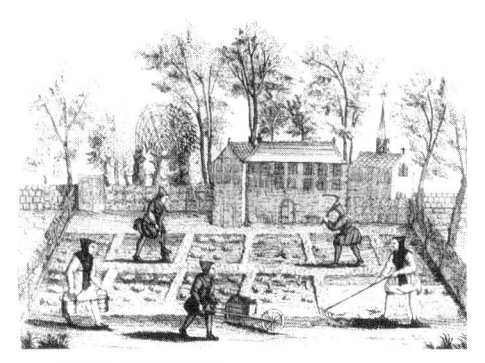

a.《修道士たちの庭仕事》
制作年代不明

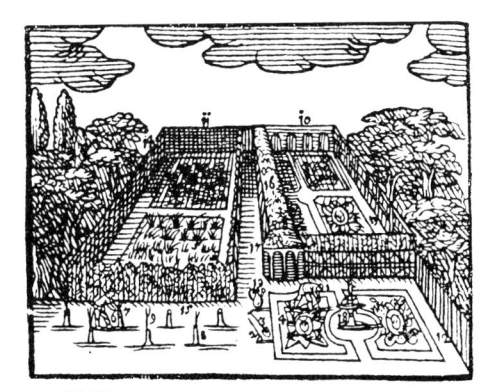

b.《造園》
（コメニウス『世界図絵』1658年）

c. プッサン
《我に触れるな》
1653年

　造園の起源は古代エジプトと西アジアに求められる。小プリニウスにはローマ時代の庭園の様子が窺える記述がある。[1] 一方、中世には修道院を中心に薬草園や果樹園がつくられた（図a）。[2] 造園技術が目覚しく発展したイタリア・ルネサンスでは、傾斜地にテラスをつくり、花壇や植え込みを幾何学的に配し、彫像や噴泉などを添えた。これがフランスに伝わり、17世紀に大規模な整形庭園が登場してくるのである。コメニウスの『世界図絵』の図版はその一例である（図b）。

　本図には、田舎の邸宅の広々とした庭で樹を植える（あるいは、枯木を引き抜く）庭師と助手（前景）、花壇をつくる庭師（後方）の姿が描かれている。当時の庭師は富裕な商人や貴族、公的機関に雇われていた。[3]

　聖書によればマグダラのマリアは復活したキリストの姿を庭師と見間違えた（図c）。修道院の「囲われた庭」は天国のメタファーと理解されていた。

48. 粉ひき

天の恩寵は、つかみとる者のもの

風車が回れば、
羽根は大いに風を受け、
粉ひきも上上だ。
神の与えしものに
心を向ければ
恩寵の欠けることなし。

48. 粉ひき　111

a. 《ロバひき臼》
2世紀、
石棺浮き彫り

b. バルディーニ
《月（惑星シリーズ）》
部分、1460-64年頃

c. 《粉ひき》
（アマン『職人づくし』
1568年）

　古来からパンと、大麦・小麦の粥を主食としていたヨーロッパでは、製粉は毎日の生活に欠かせない技術であり、製粉業は古代ローマから存在した。古代には水車も発明され、ウィトルウィウスは効率的な水車の説明もしているが、ローマ時代の製粉の動力は、もっぱら奴隷労働と家畜で賄われていた（図a）。[1] 水車が粉ひき用に普及するのは中世以降である。15世紀イタリアの占星術の版画には、水車を動力とした製粉小屋と粉ひきが見える（図b）。[2] アマンは、製粉所のなかで製粉機に穀物を入れる粉ひきの様子を描いている（図c）。

　風車は西欧では12世紀頃に現われ、風の多い北西ヨーロッパの平原地帯に急速に普及し、製粉に使用された。初期の箱型風車は、機械部分を箱に容れて支柱に載せ、箱全体を風の方向に向けた。14世紀頃から、機械は煉瓦や石の塔に納め、頭部だけを回転させる塔型風車がつくられた。[3] 本図の粉ひきたちの背景には、両方の型の風車が見える。

49. ビール醸造職人

渇きを癒す準備はできた、潤いを求める者はいずこに？

渇きと酒が互いに出会えば、
苦味も甘味の素となる。
ああ、魂よ。求めれば与えられる。
渇きには命の泉あり。
その出会いは永遠の慰め。
命が求めるのはその歓び。

49. ビール醸造職人　113

b.《ビールづくり》
（アマン
『職人づくし』
1568年）

c. ファン・ミーリス
《飲み屋の農夫》
1655-57年

a.《ビールをつくる女》
紀元前2350年頃、
アル＝キーザ、
メルスアンクの墓出土

　ビールの前身は紀元前3500年頃のバビロニアで生まれた。紀元前2500年頃にはエジプトでも醸造が始まり（図a）、職人たちはやがて地域的な組合をつくって国家に奉仕した。ワインを好むギリシャやローマではビールは定着せず、ビール醸造は麦作に適した北欧ゲルマン人に引き継がれた。8世紀以降、ビールづくりは修道院が主導するようになり、風味と保存を良くするためにホップが使われ始めた。[1] 16-17世紀に醸造は修道院から国家や市民の手に移り、同時に企業化が進んだ。アマンが描いたのは醸造所内で働く職人の様子である（図b）。
　ライケンのビール職人は、醸造所の外で大きな水差しから樽にビールを注いでいる。樽は橇（そり）に乗せられており、ビールを詰め終えるとそのまま出荷地に運ばれた。17世紀のオランダでは、ビールは最も広く飲まれた飲料だった。[2] 当時の田舎の飲み屋を描いた絵には、ジョッキでビールを飲む客とビール樽が描かれている（図c）。

50. 雑穀屋

なかにあるのは、義の種

種は、外皮が剥かれて、
初めて、食べられるパンとなる。
人の命の大事な部分も、また、
肉と血というこの世の外皮に突き刺さり、
そこから見事に引き上げられる、
神が正しき仕分けをなさるときには。

50. 雑穀屋　115

a. ブラウエル
《パンケーキを焼く人》
1620年代半ば

b. 《木星》
（デ・プレディス『天球について』15世紀）

c. ホプファー
《穀物の貯蔵人》
1534年

　ライケンの描いた雑穀屋は、大きな脱穀所の中で、袋から出した穀物を篩にかけている。こうして小麦、ライ麦、大麦、ソバ、燕麦などの粒から小石や虫、鼠の糞を取り除き、それから後方の馬が動かす臼で粉にひいた。17世紀オランダでは穀物の供給が国内生産だけでは足りず、バルト海沿岸諸国、ポーランド、北ドイツなどからの輸入に頼っていた。輸入した穀物は、国内で消費されたり、さらに他の国へ再輸出されたりした。[1] 当時の風俗画には穀物を材料としたパン、パンケーキ、ワッフルなどを焼いたり、食べたりする場面が描かれている（図a）。
　15世紀のイタリアの写本『天球について』では、占星術で木星の影響下にある職業として雑穀屋が登場する（図b）。[2] 16世紀初頭のドイツの版画家ホプファーが描いた雑穀売りの版画（図c）には、「穀物を売る者は神の祝福を受けるが、隠す者は悪魔に捉えられる」という旧約聖書のソロモンの箴言が図像化されている。[3]

51. 車大工

やすらぎを願う者は、
その重荷を主に委ねよ

車輪という発明は、
重い荷を軽々と運んでくれる。
なんと多くの魂が、
この世の苦しみと喧騒のなかで
もがき苦しんでいることか。
しかし、そんな者に用意されている、
すべての重荷を引き受ける御国の車が。

a. アシモスの画家
《婚礼の行列》
前550年、
レキュトスの壺絵

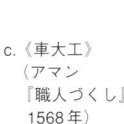

c.《車大工》
（アマン
『職人づくし』
1568年）

b. ファン・ライスダール
《馬車と砂丘の道》
1631年

　車は回転の運動を移動の力に変換する。古典時代以前はその利便性を主に戦闘や儀礼に用いていたが（図a）、やがて農耕や土木、重い荷物の運搬にも広く活用するようになっていった。[1] 近世に入り車は一段と普及し、人の移動を容易にした。17世紀のオランダ絵画に頻繁に登場する旅客馬車や小型荷車はその一例である（図b）。[2] 都市化の原動力の一つがここにある。

　車関連の言葉にはケルト語由来のものが多い。このため、車技術の発達にはケルト人が大きく寄与したと推測されている。[3] 構造的には、中心部のこしき、幾つかの弧形の部品をつなげた輪縁、その二つを結ぶ複数のスポークからなる。中世以降は、輪縁の外側に鉄のタイヤが取り付けられ、耐用性が増した。ライケンや、彼に影響を与えたであろうアマンの版画（図c）には皿型の車輪が描かれているが、横揺れに対する強度を上げるため、15世紀以降、こしき部分が中高になるようにした結果である。

52. 鞍職人

あなたの馬でさえ、手綱とりを必要とする

誇り高き高貴な馬でさえ、
調教され、鞍を載せられ、なだめられ、
人間によって行手を示される。
主なる聖霊も、貴き御知恵をもって、
その手に負えぬ生身の下僕を
改心させ、永遠の命に導き給う。

52. 鞍職人

a. 《マルクス・アウレリウス騎馬像》
　161-180年頃、ローマ

b. ティツィアーノ
　《カール五世騎馬像》
　16世紀

c. 馬鞍
　（8世紀、
　　正倉院宝物）

　馬はステップ地方原産の動物である。したがって、乗馬の慣習も、鞍をはじめとした乗馬用品も、その地方に由来するものが多い。実際、馬服も鞍も、すべて東方世界からギリシャ、ローマへと伝わってきた（図a）。馬に傷をつけず、人も安定して座れる芯入りの鞍はローマ時代、足を固定するあぶみの環はローマ時代以降に西方に入ってきたと考えられている。[1] 一方、ケルト人は、はだか馬に乗らぬ乗馬法を堕落と考えていたという。民族性の違いが窺えてなかなかに興味深い話である。[2]

　鞍の購入者は、王侯貴族から農夫まで、広い範囲にわたる（図b）。当然のことながら、鞍のつくりも用途にしたがい、さまざまに異なる。乗る人の地位を反映し豪華な装飾が施された鞍も少なくない（図c）。しかし何よりも重要なのは、自分に合う鞍などの馬具を探すことだった。ライケンが、仕事場ではなく、鞍を真剣に吟味する店頭の客を主役に選んだのはそういった事情を意識してのことだろう。

53. ふいご職人

願いを込めて、命の風を神より求めよ

ふいごから吹き出される風が、
炎を軽やかに燃え立たせる。
ああ、神の本性からいでし聖なる風よ、
聖霊のご降臨に清々しくそよぎ、
燃え立つ舌をもたらした風よ。
我らが魂に永遠の炎を吹き込み給え。

53. ふいご職人

a. 《鍛冶屋》
（コメニウス『世界図絵』1658年）

b. 《水力によるふいご》
（ラメリ『種々の人工機械』1588年）

c. ベーハム
《惑星マーキュリーの子供たち》部分
1531年

　人類の文明は火の利用から始まったといっても過言ではない。その火を効率的に燃え上がらせるために人の知恵が工夫したもの、それがふいごである。家庭の煖炉、かまどから、鍛冶屋の仕事場、熔鉱炉と、日々の暮らしにも生産活動にもなくてはならぬ道具であり装置であった。ライケンも金属を扱う職人の工房に忘れずふいごを描いている。[1] 炉の横にふいごを作動させる紐状のものが描かれた例もある。[2]
　本図では、蛇腹の腹、尖ったノズルを備えた手動のふいごが職人の膝の上にある。家庭での使用、持ち運びに便利なサイズだが、この大きさでは継続的で強い送風は望めない。そこで工夫されたのが、足を使ったふいご（図a）、水力をピストン運動に変換したふいごである（図b）。ちなみに、ピストン運動を利用したふいごは中国ではすでに前4世紀に用いられていたが、西方に伝わり実用化したのは16世紀のことである。[3]
　ふいごの原理は、バグパイプやオルガンなどの楽器にも用いられた（図c）。

54. ろくろ細工師

発明品は多いが、かの永遠なるものを満たしはしない

知恵を授けられている人間は、
いかなるものをもつくり出せる。
しかし、自らは研鑽なき人生にとどまり続け、
おのれを磨くこともない。
仕事をしているときのように、
汝の心も細工するがよい。

54. ろくろ細工師　123

a. デ・マン
《天秤を持つ男》
17世紀

b.《ろくろ細工師》
1425年頃
(『メンデル・ハウスの本』より)

c.《ろくろ細工師》
(ディドロ『百科全書』
18世紀)

　椅子や机の支柱などを加工するろくろ細工師は、指し物師とともに、家具製造の重要な一翼を担っていた。現に、指し物師の工房にはろくろ細工師の姿が見える（→no.12の左後方）。細工師自体を主題とした絵は稀だが、その仕事の成果は、現存する古い時代の家具や、肖像画、室内画などの絵画に容易に認めることができる（図a）。
　簡単なろくろ細工は前2000年期の中頃に遡るが、その後間もなく、連続した回転運動が可能な棒旋盤があらわれた。[1] ろくろの軸に綱を巻き付け、その一端を踏み子に、もう一端を上方の弓状のばねに結びつける。踏み子が上下すると、軸受けに固定した加工用の木材は連続して回転する。細工師は適当なノミを選び、木材の余計な部分を削り落してゆく。15世紀の職人も（図b）、ライケンの描く職人もこの棒旋盤で作業を進めている。[2] 木工より大きな力を必要とする金属のろくろ細工には、大小の輪を綱でつないで軸受けの回転を効率化・高速化した大輪旋盤が用いられた（図c）。[3]

55. 楽器職人

良し悪しは、狙い次第

弦の奏でし音、それは耳の癒し。
音楽のもたらす、
なんと心地よき、えり抜きの響き。
だが、それも、汝の魂を奮い立たせ、
かの源に近づけるものでなければ、
すべて虚しいものなのだ。

55. 楽器職人　125

a. 《ハープを弾く男》
　前3000年頃、
　キクラデス諸島出土

c. フェルメール
　《ヴァージナルの前に立つ女》
　1670年頃

b. バスケニス
　《楽器》
　1650年頃

　音楽は人類の歴史とともに古いが、1500年以前の楽器の残存例は少ない。[1] このため楽器を描いた美術作品は楽器史に不可欠の視覚資料となる。例えばキクラデス出土の演奏中の人物像（図a）からは紀元前3000年頃のハープの形態と演奏法が推測できる。
　17世紀には人々が自ら楽器の演奏を楽しむ機会が増えていた。その需要に応え、クレモナではアマーティ以来の伝統の下でリュートが、アントウェルペンではルッカース工房を中心として鍵盤楽器が製作された。アムステルダムには、ライケンの活動時期に、約50人ものヴァイオリン製作者がいたと言われる。[2] 静物画（図b）あるいは風俗画（図c）にはその成果が克明に描きとられている。こうした楽器づくりに携わる職人には、手触り、音、形などの微妙な差異を識別する高度な能力が要求されるため、通常より長い10年余の徒弟期間が課せられた。[3]
　絵に描かれた楽器は、調和、愛、生の虚しさなどの象徴的意味を担うことがある。

56. 外科医

死に至る傷みをこそ、心にとめよ

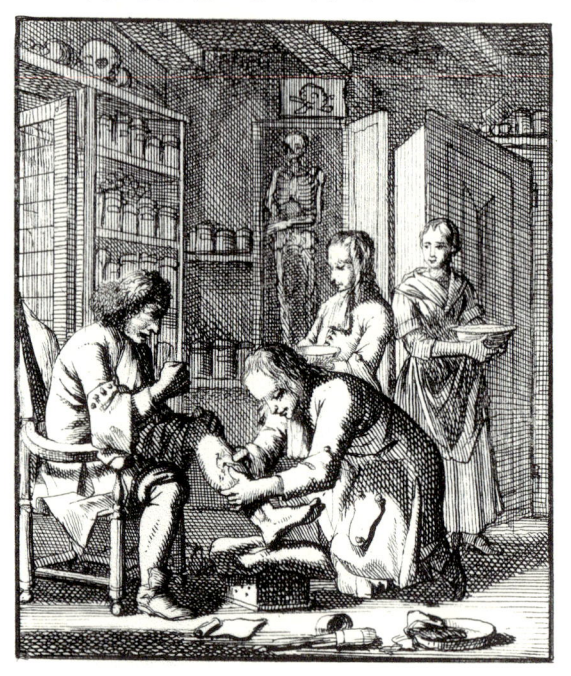

たった一つ、手足が傷を負っただけでも、
人は慌てて医者を呼びつける。
正しい処置を施すために。
だが、その浮ついた魂が、
罪という槍や剣に斃(たお)れようとも、
まるで気にとめようともしない。

56. 外科医

a. 《理髪屋》
（コメニウス『世界図絵』1658年）

c. ファン・ホントホルスト
《抜歯》1628年

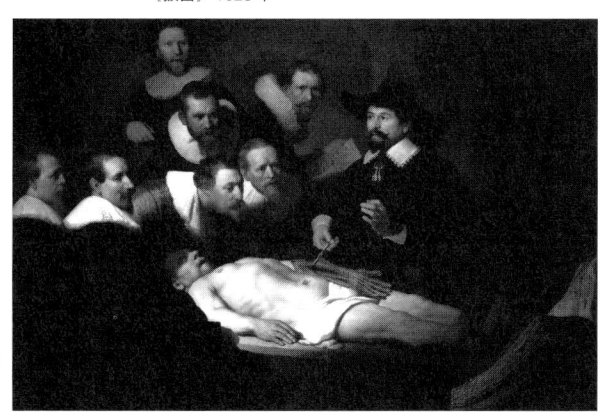

b. レンブラント
《テュルプ博士の解剖学講義》
1632年

　外科医は、中世後期には、内科医と厳然と区別されていた。聖職者が就くべき職から外され、むしろ理髪屋と同等のものと見なされていたのである。[1] 理髪店の徴としておなじみの赤、青、白の三色柱はそうした位置づけの名残りで、それぞれ静脈、動脈、包帯を現わすという。[2]

　ライケンの時代にもこの伝統は変わらず、外科医は理髪屋も兼ねていた（図a）。彼らは瀉血や簡単な外科手術、骨折・傷の治療、抜歯などに従事したが、大学教育を受けた専門家ではない。国によっては大道芸人に近い立場の者さえいた。とはいえ、ときに医学の専門家から解剖学の講義を受けるなど、学習の努力はしていた（図b）。[3]

　外科的手術の歴史は古く、ハムラビ法典にも言及がある。[4] ノミ、メス、ヘラ、骨を切る鋸など、当時の種々の外科道具も伝わる。ともあれ、18世紀にエーテルで麻酔が可能になるまで、患者は筆舌を絶する痛みを味わったにちがいない（図c）。

57. かつら職人

俗世の人ではなく、すべてを見通される方を歓ばせ

自然が万人に与えた髪は、
見苦しくなれば切り落とされる。
だが、それよりも、
幼少より積み重ねた悪行を剃り落とし、
代わりに美しき徳を身につけよ。
それこそが人間を飾るもの。

57. かつら職人

a. コワスヴォックス
《シャルル・ルブラン》
1676年

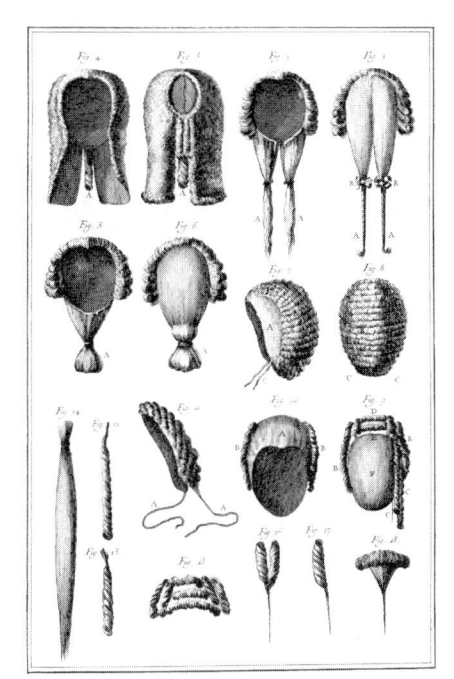

b.《かつら》
(ディドロ『百科全書』18世紀)

c. ファン・デル・ウェルフ
《エリーザベス・ディールクウェンス》
1694年

　かつらは古代から使用され、エジプトではファラオの地位・権威の象徴ともなっていた。しかし、かつらの歴史を考える上でとりわけ重要なのはフランスのルイ王朝での流行であろう。髪の薄くなったルイ13世が1620年にかぶったのが始まりで、その後宮廷人たち（図a）、一般の男女、外国へと急速に広がっていった（図b）。かつら人気が過熱したヴェネツィアではかつら税さえ設けられた。フランス革命以降は、法律家などの職能を示す装いに変わり、さしもの流行も幕を閉じてゆく。[1]

　オランダでも、17世紀の第4・四半世紀頃から上流の男女がフランスのはやりを取り入れ、カールした長髪のかつらを好んでかぶるようになる（図c）。ライケンの図版の背後に高級住宅街が描かれているのは、そうした受容層を意識してのことだろう。

　オランダのかつら屋にはユグノー派の亡命フランス人が多い。ナントの勅令以降、フランスの説教師がかつらを神の意志を冒瀆するものと厳しく非難したからである。[2]

58. 帽子職人

美徳の帽子は、黄金の冠にも優って美しい

帽子は、陽射しや激しい雨から
頭を守るもの。
同じように、人間の命の頭たる
裸の心を美徳で守り、
悪を追い払え。
これこそが主の御加護を賜ること。

58. 帽子職人

a. ファン・レイメルスワール
《二人の収税吏》
16世紀

c.《絵草子》部分
14世紀前半

b. レンブラント
《生地見本組合の
検査官たち》
1662年

　頭を何かで覆う慣習は古くからある。その目的は、単なる防寒・防暑から、地位、権威、貞淑のシンボルまで、様々だった（図a）。フランスがモードの中心になる17世紀後半あたりからは、羽やリボンをあしらった派手な帽子がとりわけ好まれた。[1]

　ライケンの職人はフェルト帽をつくっている。中央には、濡らし、染色し、他の動物の毛と混ぜ合わせた羊毛を、手でこねて圧縮する職人がいる。その後、生地を伸ばし、木型を用いて山型の部分をつくり、鍔(つば)の部分を引き伸ばし、温めた炉でゆっくり乾かし、ケバをとれば、入り口のところに掛けてあるような帽子ができ上がる（図b）。膠を塗って形を固定する場合もある。農夫や庭師用の帽子ではしばしばケバをそのまま残したりした。[2]

　日本では奈良時代に中国より烏帽子(えぼし)が入り、仏事に用いられたが、後には一般の人々にも普及していった（図c）。西洋風の山高帽子が伝来するのは19世紀半ばのことである。[3]

59. 皮なめし工

あくせくと働いたところで何になろう、
最良のものが忘れられてしまうなら

皮は食べられないけれど、
無価値なものとして捨てられはせず、
手をかければ、役立つものに生まれ変わる。
それなのに、魂のもたらす大いなる恵みは、
見向きもされぬボロ布のように、
散らかされ、棄てられる。

59. 皮なめし工　133

a.《皮なめし工》
（アマン『職人づくし』1568年）

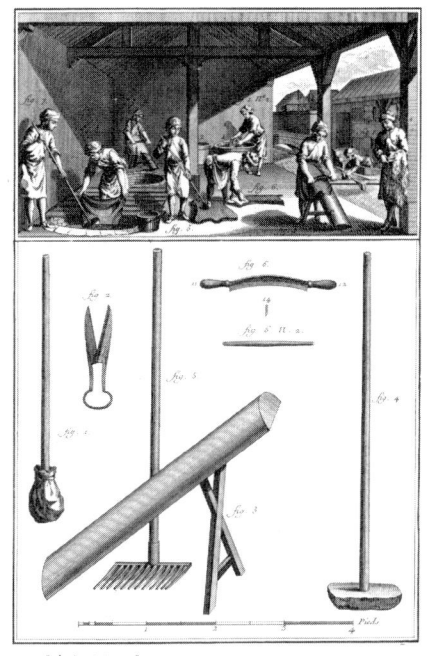

b.《皮なめし工》
（ディドロ『百科全書』18世紀）

c.《皮なめし工》
（『粉河寺縁起絵巻』13世紀）

　靴職人、鞍職人、製本職人‥‥これらの職人たちに原料のなめし革を供給していたのが皮なめし工である。まずは石灰液に浸けたり削ったりして動物の皮から毛や脂肪を除く（本図中央の人物）。次にタンニン液に浸けてなめした後、水洗いをする（左の人物）。そして表面を整え（右の人物）、なめし革は完成する。[1] このため、ライケンやアマンの図（図a）にあるように、運河沿いなどの水辺が皮なめし工の仕事場となった。仕事の性質上、水は汚れ、臭気が漂う。だから、周辺住民からの苦情が絶えず、住居地域は制限されていた。[2]

　なめし革は早くもエジプトの墳墓からの出土例がある。テーベの墳墓にはなめしの工程が絵画化されてもいる。[3] 技法的にはすでに11世紀に完成し、19世紀まで変わることなく受け継がれていった（図b）。『日本書紀』には493年に高麗より皮工を招いたとの記述がある。図cはその技術が日本に定着したことを窺わせる。

60. 紙漉き職人

粗末なものも、いずれは良くなる

ボロ布も、手を加えれば、
新しい用途のために生まれ変わる。
人も、良い行いを通して、
そのみすぼらしい生き方を、
真っ白の紙のごとく改めよ。
主の御心はそこにこそ書き付けられる。

60. 紙漉き職人　135

a.《福音書記者聖マタイ》
『シャルルマーニュの福音書』
800-810年頃

b.《竹麻を簾で漉く男》
（宋應星『天工開物』1637年）

c. レンブラント
《病むものを癒し、幼児を祝福するキリスト》
（100ギルダー版）のウォーターマーク、
1649年頃

　ペーパーの語源パピルスは、古代エジプト人が紙の原料にした植物名に由来する。西洋世界は、エジプトからパピルスの輸入が途絶えたとき、獣皮を加工した小アジア伝来の羊皮紙を代わりに導入することとなった（図a）。[1] 一方、植物の繊維をほぐして用いる紙の発明は紀元前2-1世紀の中国に遡るが（図b）、この技術がイスラム経由でヨーロッパへ伝わり、羊皮紙にとって代わるのはようやく12世紀中頃のことである。[2]

　しかし、ヨーロッパの紙の主たる原料はボロ布だった。まず布をほぐし、水車を利用してドロドロにする（本図の右）。桶に移し替え、紙漉き型ですくい、乾燥させる（中央）。フェルトの上にとって重ね、プレスにかけ、さらに棒に掛けて乾かす（左上）。ウォーターマークは漉きの段階か最後に掛ける棒のところで入れる（図c）。これがライケンも描く製紙の基本的な工程であった。

　オランダは1670年頃に新型の水車を考案し、輸出可能な良質の紙の生産を始めた。[3]

61. 印刷師

幸いは、印刷機と印字のなかから求めよ

主の御言葉を心に印字せよ。
聖なる言葉が、
心のすみずみにまで刻み込まれるように。
汝が御言葉にしたがい行いを律し、
神を歓ばしめる事柄を、
とわに汝の胸の内にとどめておけるように。

61. 印刷師　137

a. グーテンベルク
《42行ラテン語聖書》
1455年

b.《活版師》
（アマン『職人づくし』1568年）

c. ストラダヌス
《印刷所》
1590年頃

　印刷術の先進国・中国は、すでに7世紀に製版印刷、10世紀終わり頃に木活字を考案していたが、その技術が西方に伝わるのはようやく14世紀のことである。そしてその100年後、黄銅の鋳型でつくった錫と鉛の合金活字による近代的な活版印刷が北ヨーロッパで始まった。その最も早い例の一つはグーテンベルクが印刷した42行ラテン語聖書（1455年）であった（図a）。[1] 活版印刷術は、紙の普及と相まって、その後ヨーロッパ全土で活用され（図b）、あらゆる分野の要求に応えていく（図c）。例えば免罪符も、俗語訳聖書も活版印刷で刷られた。宗教改革は活版印刷術なくしてあり得なかったと言ってもいいだろう。

　インクの質がよく、他国に比べ出版物に柔軟な対応をした17世紀オランダでは、各国語の本が印刷された。なかでもアムステルダムのシェアは大きく、出版された本は何千冊にものぼった。[2] ライケンの図の手前はまさに印刷中の人、右奥は活字を拾う人である。

62. 銅版画印刷師

心の内にあるものは、外に顕われる

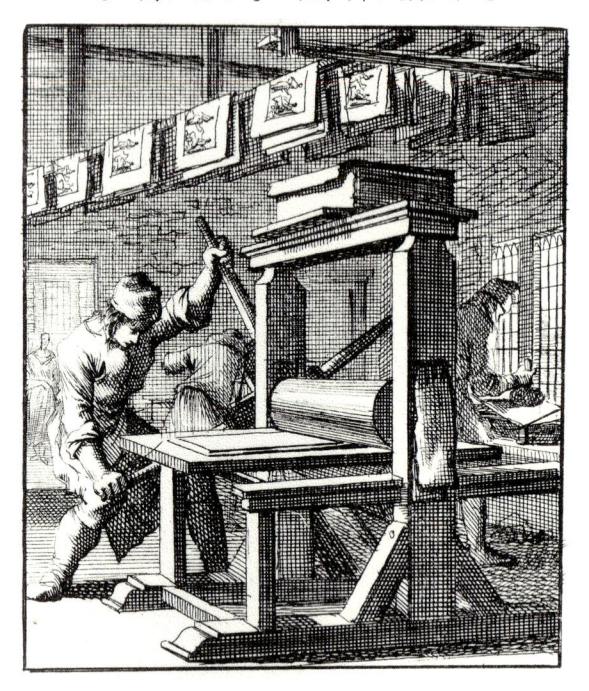

銅板にひかれた紙を、
プレス機に通すと、
そこには画像が刷り込まれる。
永遠の善に刻印された魂は、
神の御姿を心に賜り、
とわに主を誉め称える。

62. 銅版画印刷師

a. 《下絵師》
（アマン『職人づくし』1568年）

c. 《版画店の店先》
（アーブラハム・ア・サンタ・クラーラ
『誰もに何かが』1699年）

b. ボス
《銅版画印刷師の工房》
17世紀

　15世紀末のデューラーは下絵、彫版、印刷をすべて自らこなしたが、16世紀頃から工程の分業化が進み、下絵（図a）から版画完成までの間に彫版師、印刷師（→no.85、61）といった専門の職人が介在するようになった。出版人が彫版師や印刷師を兼ねることもあれば、仕事はすべて集めた専門職人に任せ、自らはオーガナイザーとして材料、器具、必要経費を賄うのみというケースもあった。[1] ライケン及びボスの図（図b）には、銅板にインクを載せる者、ロール式のプレスを回す者が見える。印刷の作業自体もどうやら手分けして進められていたようだ。でき上がった版画は画商（図c）、本屋、縁日の屋台等で売りに出された。

　銅版画の印刷技術は、活版印刷と異なるところも多い。このため、兼業の職人もいれば、専業の職人もいたが、どちらも同じ工房で働くのが普通だった。[2] 同じ頁に文字と版画が入る場合には、二度刷りとなり、両方の職人が必要になるからだ。[3]

63. 製本職人

永遠なる者の目は、汝の心の本をも読み取る

御国に至る道が
どこかに潜んでいるなら、
世界じゅうを探してみるがよい。
だが、神から賜った聖なる書に、
答えはすでに記されている。
人がそれを拒んでいるだけ。

63. 製本職人　　141

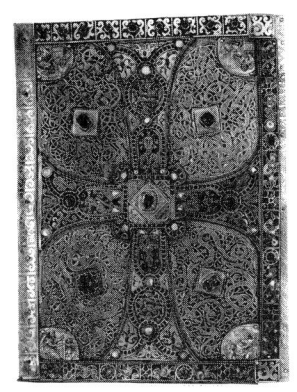

a. 『リンダウの福音書』第一装丁板
（800年頃）

c. ムヤールト
《レオナルト・マーリウス》
1647年

b. デ・ヘーム
《本の静物》
17世紀

　書写の素材がパピルスから羊皮紙に変わると（→no.60）、本の形式も巻子から冊子に変化した。制作の中心は修道院で、とりわけ豪華製本（図a）が好まれた。しかし、14-15世紀の製紙術の発達、活版印刷の発明、出版活動の活発化とともに、装丁は徐々に簡素化し担い手も世俗の工房に変わった（図b）。
　製本は、刷り本を幾つかに折ることから始まる。一冊分の折り本をまとめたら、背をかがって綴じ（手前の人物）、木槌でたたいて高さをならし（奥の人物）、背に膠を塗って乾かす。その後、前小口と天地を裁断し、表紙をつけ、締め具にかけると（右手前の器具）、製本は完成する。仮綴じ本のまま売って、表紙などの装丁は購入者に任せる本づくりもあった。[1]
　17世紀オランダは高い識字率を誇っていた。人気の本が20回以上も版を重ねた所以である。[2] 画家や学者も財産目録や肖像画からなかなかの蔵書家だったことが窺える（図c）。ただし、一般家庭にあった本といえばたいてい聖書関係が1-2冊という程度だった。[3]

64. 学校教師

良薬を毒薬にするなかれ

読み書きの術、それは崇高なるもの。
我らに知恵と救いを与え、
御国への道を示し給う。
金から不純物を取り除くために
その術を賢く使うがよい、
叡智の冠を授かるために。

a.《生徒のしつけ》
（プリスキアン『文法』14世紀初頭）

c. ライケン
《学校に通う年長の少年たち》
17世紀

b. テニールス(子)
《猿の学校》
17世紀

　中世ヨーロッパでは修道院が最も重要な教育機関であり、初等段階では日常の読み書き及びラテン語の学習が課せられた。注意力の散漫な子供には柄の長いシャモジのような鞭が容赦なく飛んだ（図a）。[1] 16世紀末に新教国として誕生したオランダでは、各村に学校が一つ、5-14歳までの就学率は65％という教育の普及ぶりだった。[2] 鞭を惜しめば子供がスポイルされるとの考えは相変わらずで、17世紀の学校の絵にも鞭は忘れず描かれた。テニールスは統制の効かぬ生徒たちの様子を猿に演じさせ、教育の実態を揶揄している（図b）。初等教育以降は、ラテン語学校・大学に進む者（図c）、徒弟として親方職人の許で修業する者に道が分かれた。
　教会の試験を受けた者が教師となり、自宅に開設する学校は、教会の監察を定期的に受けた。ただし、教師の収入は生徒の収める授業料が主体で、年間100ギルダー前後の少額だった。このため、年来の教会との関係で、墓掘りなどの副業につく教師も多かった。[3]

65. 時計師

心の準備をせよ、終末が訪れたときのために

ああ、人よ、汝の心の内を整えよ、
命の針が動き続けているうちに。
この世の短い人生の錘が
上がりきって、終わりを迎えれば、
芸術も、富も、価値あるものも、
何もかも取り戻せなくなるのだから。

65. 時計師　145

a.《L型日時計》
　前1479-前1425年

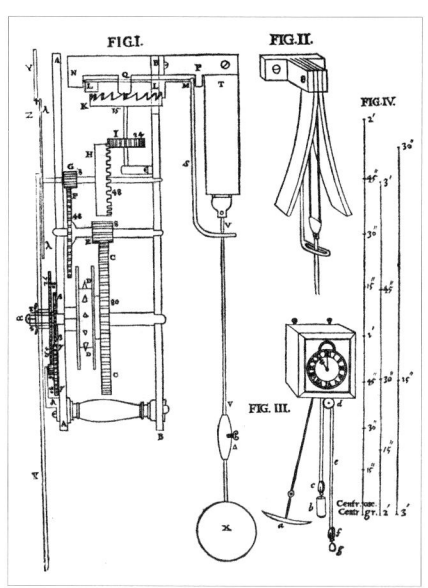

b.《振り子時計の構造》
　（ハイヘンス『振り子時計』1673年）

c.《30時間柱時計》
　1860年頃

　最初に日時計を用いたのも、夜と昼をそれぞれ12に分けたのもエジプト人であった（図a）。ただし、昼と夜の一時間の長さは季節により異なっていた。ヨーロッパで均等な時間計測（定時法）が実現するには、脱進機を使い始めた13世紀を待たねばならない。[1]

　17世紀に入り、時間の計測は精密化する。ガリレオの発見した振り子の等時性を17世紀オランダのクリスティアーン・ハイヘンスが厳密化させ、振り子時計の実用化が実現したのである（図b）。彼は1675年にはひげぜんまいを用いた高精度の懐中時計も考案している。[2] こうした技術革新をライケンの時計師はもちろん知っていたはずだ。仕事は精密を極める。だから職人は、金細工師（→no.79）と同様に、ときに水を入れたガラスの球体を窓際に置き、良好な照明を確保するなどの工夫を凝らした。[3]

　日本にも16世紀には定時法の時計が伝わっていた。これに従来の不定時法を融合させ独特の和時計がつくられたが（図c）、定時法への移行は明治初めを待たねばならない。[4]

66. 鏡職人

鏡に映るのは、魂の似姿

この世の鏡に映し出されるのは、
永遠なるものの像。
だが、それは、各々が自らの目で見る
本質の影にすぎない。
なぜなら、影には何もないから。
根源を求める者こそが、実りを享受する。

66. 鏡職人

a. 《香水屋》
（リトゲイト『人生の巡礼』
15世紀半ば）

c. 喜多川歌麿《首に白粉を塗る女》
1795-96年頃

b. アルドゥアン=マンサールほか
《ヴェルサイユ宮殿、鏡の間》
17世紀

　鏡の歴史は水鏡、石鏡、金属鏡と展開する。ガラスの背面に錫を塗った鏡はすでにローマ時代に遡るが、中世には鉄か青銅か鏡銅を磨いた金属鏡がなお普通だった（図a）。14世紀にヴェネツィアでガラス鏡がつくられるが、依然主流は金属鏡であった。[1]

　ヴェネツィアは、長らく、傷のない大型板ガラスの製造を独占していた。大きな鏡を必要とした17世紀フランスは、大型鏡を国内でつくろうと、彼の地から職人を引き抜いた。ヴェルサイユ宮殿の鏡の間（図b）はこの技法漏洩の華麗なる賜物である。[2] ライケンの図に見るように、ヴェネツィアの技法はときをおかず、オランダをはじめとした他のヨーロッパ諸国へも伝播した。

　凝った額も含め、鏡は高価な贅沢品で、富と高い地位のシンボルともなる。このため、絵の中では、宝石や王冠などとともに俗世の虚しさを意味することが少なくない。

　日本はガラス鏡を16世紀に知るが、実用化するのは明治期のことである（図c）。

67. ガラス吹き工

繊細なものも、原料は粗い

心地よい器、クリスタルのガラス、
現身とは思えぬ透明なもの。
信仰深き者の本性も、
この世という高炉のなかで焼かれ、
戦いという試練を経て
永遠の御光に照らし出される。

67. ガラス吹き工　149

a.《ボヘミアのガラス工たち》
（『ジョン・マンデヴィルの旅行記』
15世紀初頭の絵入り本）

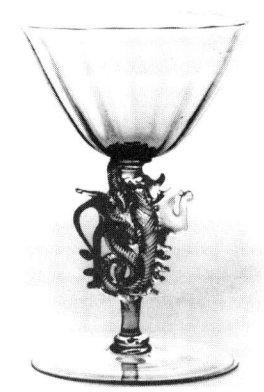

b. ヴェネツィア・グラス彷製
（17世紀）

c.《ガラス吹き》
（『彩画職人部類』
1771年）

　吹きガラスの製法（本図の左の人物）やブロー台（右の人物）は、最古のガラス製造から2000年ほど後の前1世紀、ローマ帝国領シリアで考案された。[1] その技法は間もなくフランス・ドイツに伝わるが（図a）、13世紀には技法の洗練、生産量でヴェネツィアが他を圧っするようになった。その独占的シェアを破るべく、他の国は絶えず職人の引き抜きを試みた。[2] 17世紀オランダが独自にガラス製造に乗り出したのも、アントウェルペン経由でヴェネツィアの技法を学んだからだ。[3] 仕事は、ただれ目、肺結核などの職業病を患い、痩せて、死んだように倒れる者もいるほど過酷だったようだ。[4]

　新来の技術が生んだ種々のガラス器（図b）は当時の静物画にその姿をくり返しとどめている。それらの絵では、脆く壊れやすいガラス器は、ヴァニタス（この世の虚しさ）の意味を帯びることがある。

　吹きガラスは日本には江戸時代に到来し（図c）、ギヤマン、ビードロと呼ばれた。[5]

68. 漂白工

魂の衣を汚す者に、
清潔を誇る資格なし

汚れてしまった麻布は、
再び真っ白に洗い清められる。
しかし、主のお気に召す内なる魂の衣は、
水や石鹸などの術もなく、
布のあちこちから
悪臭が漂うまで、身につけられている。

68. 漂白工　151

a. 《洗濯女たち》
（『スプレンドール・ソリス』1582年）

b. ファン・ライスダール
《ハールレム眺望》
1670年頃

c. ファン・デ・フェンヌ
《漂白場》
1626年

　古くからあった漂白や洗濯の仕事は（図a）、17世紀オランダで一大産業に成長する。[1]地場はもとより他国で織られたリネンが、出荷前に漂白のためオランダへ送られてきた。汚れた洗濯物も、オランダ国内のみならずイギリス、フランス等から集まってきた。[2] 中心は、海側の砂丘が漂白に適していたハールレムである（図b）。4-10月の好天気の時期には、一つの漂白場で30-40人もの季節労働者が働いていたという。[3]

　布は洗った後、ミルクや乳漿を混ぜた漂白溶液に浸け、水気を切って、地面の上に広げられる。ときどき砂丘から滲み出た水をかけながら太陽光で乾かすと、汚れのない真っ白な状態に仕上がる。[4] より白く見せるため、ときに青みを加えることも嫌わなかった。いずれにしろ大事な預かり物である。図cの右手にあるように、番犬が飼われ、監視小屋が建てられ、盗難に備えた。

　オランダでは清潔は特別な意味を持つ。[5] この業種の隆盛と決して無縁ではない。

69. 石切り工

時がたてば、戦いは終わる

忍耐を要する仕事でも、休みなく続ければ、
いつかは必ず成し遂げられる。
ああ、人生の重石よ！
時間の鋸は、昼も夜も、
絶え間なく汝を切り裂く、
魂と肉が分かたれるまで。

69. 石切り工　153

a. 《セント・アルバンス修道院をつくる》
（パリス『オファスの生涯』14世紀初頭）

b. 《石工》
（アマン『職人づくし』1568年）

c. フラート
《アムステルダムの石材場》
17世紀

　石工は、採石場から運んだ石を必要な形に切り、彫り、積み、建物をつくる。中世には、各地の「ヒュッテ」を渡り歩き、大聖堂の建造に最も大きく貢献した（図a）。[1]
　同じ石工といっても、建設の総指揮をとる建築家的立場の者から、彫刻家に近い石工、腕の高い自由石工、普通の石切り工、粗石工まで、熟練度はさまざまである（図b）。[2]ライケンの描く職人は、周囲の様子から察して、普通の石切り工のようだ。
　石を切る鋸に歯はない。砂と水をまぜた泥漿を切れ目に流し込みながら、刃を前後させ、石を切る、というより、研削してゆく。[3] 労力と時間と慎重さと途方もない根気を要する仕事だ。
　採石場のないオランダは石材を輸入に頼っていた。例えばアムステルダム新市庁舎の建造（1648-55年）に際しては、イタリアのカッラーラから大量の大理石が運ばれた。近くの運河に設けられた石材場（図c）はまさにライケンの図のようだったことだろう。[4]

70. 石工

散らばってはいるが、準備はできている

頑丈な家を築きあげるために、
石にはしっかりノミを入れる。
主イエスの御業のように。
あちらこちらにころがる石よ、
心の準備をし、励み、ふさわしくあれ。
永遠の教会を築きあげるために。

70. 石工　155

a. サン・ジル・デュ・ガール
　正面中央入り口北側の抱き
　（12世紀後半）

b. 《大地》周辺の装飾
　（アムステルダム新市庁舎[現王宮] 市民の間、
　1650年頃）

c. 《石細工場》
　（『和泉名所図会』1796年）

　ヨーロッパの建造物では、入り口の上、柱の上、窓の周囲などをしばしば凝った石の細工で飾る（図a）。教会の床の墓石にもしばしばレリーフや文字が刻まれる。彫刻家に近い石工の存在に前項で触れたが、本項で取り上げられている彼らこそが、木槌と鏨を使って、そうしたデザイン性の高い仕事に携わったのである。なかにはドイツ人アーダム・クラフト（1460頃-1508/09年）のように、作品の一部に自分の姿を署名のように残した者さえいる。作家としての自覚が高かったことの証しである。[1]

　第八番目の世界の不思議と称されたアムステルダム新市庁舎でも、石工の出番は多かった。建物の要所要所に、彫刻家たちの仕事を称賛するかのように、花綱模様、コリント式の華麗な柱頭が顔をみせる（図b）。[2] カッラーラからオランダへの大理石輸入量が17世紀後半に急速に増えたが、[3] その多くはこの市庁舎のために費やされた。

　木造建築主体の日本でも、灯籠やこま犬など、石工の活躍の場は少なくなかった（図c）。

71. 煉瓦工

信仰はわれらを解放する、サタンの奴隷の身から

生まれながらに煉瓦づくりを強いられた
かのイスラエル人のように、
人間も奴隷として生を享け、
この世の泥にもがき苦しむ。
だが、求める者には与えられる、
神の授けたまう恩寵と自由が。

71. 煉瓦工   157

a.《煉瓦製造所》
（『聖書物語』15世紀半ば）

c. デ・ホーホ
《リンゴの皮を剥く女》
1663年頃

b. ファン・デル・ヘイデン
《デルフトの旧教会》
17世紀

　泥を捏ね、型に入れ、乾かしてつくる日干し煉瓦は中石器時代以来の建材だが、ローマ時代になると丈夫な焼成煉瓦が普及した。中世に入り、一時生産が途絶えるものの、11世紀頃から安価な建材として北方地域で再び注目された（図a）。なかでも石材の乏しいオランダは、泥が豊富なこともあり、ヨーロッパにおける煉瓦製造の中心地となった。[1] 教会や民家の内外の壁、床、市壁、橋、道の舗装など、用途は実に多様だ（図b）。

　本図のタイトル原題 Tichgelaar はタイル工をも意味する。古くは無釉・無彩のまま屋根葺に使われたタイルだが、やがて釉をかけた有彩のものもつくられ、その小片は舗床モザイクの素材にもなった。[2] その後、イスラムの影響を受けたスペインで華やかに生まれ変わり、14世紀イタリアでマヨルカ・タイルとして、16世紀末のオランダでデルフト・タイルとして定着することになる。[3] 耐水・耐火といった実用性と装飾性とに優れており、煖炉の周り、台所の水周り、壁の床際などに好んではめ込まれた（図c）。

72. 陶工

汝の砂の器に
より価値あるものを貯えよ

粘土でつくられた砂の器は、
多くの手に渡りその使命を果たす、
かけらとなって朽ちるまで。
外から見れば、人の命も
砂の器のごとくもろいもの。
だが、内なるひびは癒される。

72. 陶工　159

a.《窯場》
（アグリコラ『鉱山書』1556年）

c. ブラーメル
《陶工と絵付け職人》
1650年代

b. デ・ヘーム
《静物》
17世紀

　近世ヨーロッパ陶器史は、東方の錫釉(すずゆう)陶器が回教徒を経て11-12世紀のイベリア半島に伝わったのが発端である。その後、その技術は14世紀にイタリアでマヨルカ焼きを（図a）、16世紀にオランダでデルフト焼きを生んだ。[1] ちなみに、オランダ製の焼き物はすべてデルフト焼きと呼ばれる。到来物の万暦(ばんれき)磁器（図b）の模造に成功したデルフトが、1670年代終わりに人口の約5-6％が製陶業に関わるほど陶器に縁が深かったからだ。[2]

　本図の陶工は蹴りろくろに据えた器を成形中である。右の窯の前には、指示を与える親方（客?）と釉を施す職人がいる。鉛または錫の釉である。左後方には、土を捏ねる人、それを運び込む人の姿も見える。土は、日用品ならオランダ国内の川土、高級品ならドイツ、フランスのきめの細かい用土を使った。[3]

　ブラーメルの素描では絵付け職人がともに働いている（図c）。ブラーメルの活躍するデルフトでは、絵付け職人は画家と同じ聖ルカ組合員に所属していた。

73. 膠職人

汝の心を、永遠の善に連ならせよ

深きところより引き上げられたぬかるみが、
膠の如く我らをこの地に貼り付かせ、
地獄へと引きずり込んでゆく。
今こそ、それを断ち切り、
神に連なる者となろう。
それこそが御国に至る貴き道。

a. 《指し物師》(本書no. 7) 部分

b. 《指しもの師》部分
（アマン『職人づくし』
1568年）

c. 《リュートつくり》部分
（アマン『職人づくし』
1568年）

　膠(にかわ)職人が木のレールに取り付けた大きな籠を運河に浸けたり出したりしている。かがめた腰、筋肉の盛り上がる下腿が尋常でない力仕事を窺わせる。向こうの土手でも何人かが同じ仕事をしているようだ。籠に入っているのは、皮なめし工や肉屋から買い受けた動物の皮屑である。それらを水に浸け、ゼラチン質を滲み出させ、熱を加えると、ネバついた膠がとれる。[1] 原料はさぞかし不快な悪臭を放ったことだろう。とはいえ、製本屋、帽子屋、鞍づくりなど、膠なくして仕事がはかどらぬ職人は多い。だから、接着剤としての需要は高かったはずだ。ライケンの描く指し物師の工房の左手前（図a）、アマンの描く指し物師の右後ろと、リュートづくりの工房の左下にも膠の入った容器が見える（図b、c）。ただし、本図のように製造中の職人を描いた図は稀である。

　膠は紀元前3000年頃のエジプトですでに家具製造に用いられていた。日本でも、金銀の箔押しをはじめとした作業の接着剤、さらには絵の具の溶剤に用いられていた。

74. 泥炭掘り

目には見えぬが、あらわれる

深き水より引き上げられるのは、
火や炎を燃え立たせ、
寒さしのぎに役立つもの。
人も、また、釣り上げよ、
人生の深き思い煩いの中から、
永遠に輝く歓びとなるものを。

74. 泥炭掘り　163

a. ファン・デ・フェンヌ
　《泥炭掘り》
　1626年

b. ブラーメル
　《泥炭売り》
　1650年代

c. デ・マン
　《天秤を持つ男》部分
　17世紀

　湿地帯の多いオランダでは、運河を掘削して水を排出していた。その際に出る泥炭を固めて燃料にする仕事、それが泥炭掘りである。[1] 平底の舟に乗った手前の男は、棒で泥炭の深さを測り、ネットで泥炭を採る。後方の男は、採取した泥炭を舟底から土手に揚げている。泥炭は岸から直接掬い上げられることもある（図a）。

　採った泥炭は四角い板付きの履き物で均した後、矩形に切り、並べて乾かし、円錐形に積んで保存する（図a）。[2] 売るときは、平底の舟に積んで運び、女が店番をし、男が肩に背負った籠で配達する（図b）。[3] 主たる消費者は一般家庭（図c）、及び製陶工場、醸造所、漂白場などである。

　かつてオランダの至るところで泥炭を採取したことは、Veen（泥炭）という接尾辞のついた地名が多いことから推測がつく。それは採りすぎをも示唆する。実際、オランダは徐々に泥炭の枯渇に悩み、石炭などの燃料を外国からの輸入に頼るようになっていった。[4]

75. 坑夫

いかに高価なものでも、この世の塵にすぎない

どれほど地底深く隠れていようと、
人は、励んでは探し続ける。
ならば、思慮深き者よ、掘り求めよ、
この世という、目に見える鉱脈の中に、
目に見えない本質的なものを。
称えても称えきれぬ心の金と銀を！

75. 坑夫　165

a.《採鉱場》
（アングリコス『所有について』1482年）

b. 二代目広重
《佐渡の金山》
1850年頃

c. ファン・エーフェルディンゲン
《スウェーデンにあるトリップ大砲鋳造所》
17世紀

　採鉱には露天掘り（本図の前景）と坑内採鉱（後景）の二つがある。前者は地表を掘る比較的単純な作業だが（図a）、後者の場合は、地下深くの鉱脈に至る坑道の開削、地下水の排出、安全の確保など、周到な準備が必要となる。ライケンが後景に描いている採取物を運び出す巻き揚げ機も必須の機械だった。二代目広重はそうした坑内の様子を、峨々たる山、入りくんだ坑道、長いはしご、闇を照らすかがり火を用いて見事に描き出している（図b）。
　オランダには本図の後景に聳えるような山もないし、亜鉛を除けば鉱山資源もない。[1] ライケンの坑夫は、本書中、唯一のオランダ人に全く無縁の職業図なのである。ただし、オランダにも外国の鉱山に投資し、それを思い通りに採掘する人々がいた。例えばトリップ家はスウェーデンの鉱山の独占権を入手し、軍需品をつくっていた（図c）。1618年の三十年戦争勃発時には、僅か4週間で5千人分もの武器調達をしたと伝えられる。[2]

76. 貨幣師

御国の光に照らされた心は
守銭奴であろうとは願わない

ああ、金貨よ、銀貨よ！
多くの者を腐らせるものよ。
空虚な人生は金銀をあてにし、
金という富の虜となる。
しかし、創造主に拠り頼む魂は
金銀のような異邦の神々に仕えはしない。

76. 貨幣師　167

a. 《贋金つくりの罰》
（『ユスティニアヌス写本』）
15世紀以前

b. 秤と秤を収める箱
（1610年、アムステルダム）

c. ファン・レイメルスワール
《収税吏と妻》部分
1538年

　鋳造貨幣とは、小さな貴金属片にスタンプを押し、鋳造を注文した者がその価値を保証する硬貨のこと。2600年前の小アジアで最初につくられ、その後、ギリシャ、ローマへと広がった。[1] できる限り純度の高い金、銀、銅といった金属塊をつくり、それを一定の重さの小片にし、そこに打ち型で像や文字を浮かびあがらせる。事の性質上、厳しい管理の下に製造され、含有量のごまかしや贋金づくりには死刑が宣告された（図a）。[2] かのフェルメールの祖父、伯父も贋金づくりで投獄されたことがある。[3]

　種々の鋳造貨幣の出現と広範な流通は、貨幣自体の計量や貨幣相互の交換比率を確かめる必要性を生む。そこで、各貨幣別の錘、交換レート表、天秤を収めた小箱が出回った（図b）。貨幣が集中する両替商の机の上にはたいていこの小箱が描かれている（図c）。

　金銭にこだわれば貪欲さが生まれる。そのことを意識して、両替商などの絵には髑髏や蠟燭など、ヴァニタス（この世の虚しさ）のモティーフが添えられることが多い。

77. 金箔師

箔をはがせば、値打ちなし

メッキの飾り物は、黄金色(こがねいろ)に輝こうとも、
その正体はつまらぬ材木にすぎない。
ああ、聡明なる人よ、目を覚ませ。
この世の輝きは単なる見せかけ、
その中身は軽蔑すべきもの。
技ある人に騙されているのだ。

77. 金箔師　169

a. フェルメール
　《ヴァージナルの前に立つ女》部分
　1670年頃

b. デ・ホーホ
　《テーブルを囲む一群の男女》
　1663-65年頃

c.《薄打ち》
　（『七十一番職人歌合絵』
　1500年頃）

　箔師は、金や銀の塊あるいは粒を皮の間に挟み、槌で繰り返し打って薄い箔に伸展する仕事に携わる（前景）。本図の職人は、タイトルに Goudslaager（金をたたく人）とあるように、なかでも金箔師を描いたものだ。左には、完成した箔を広物帳に移す男が座っている。後ろの部屋では、担いできた鏡の額に金箔を貼るよう男が女に頼んでいるようだ（あるいは出来上がった品物を受け取っているところかもしれない）。
　ヨーロッパでは、金箔は鏡や絵画の額縁（図a）に貼ったり、革表紙の文字や模様を飾ったり、金属製品の表面にかぶせたりした。17世紀のアムステルダムは、革に押し型の模様をつけた金唐革の製造地として名高かったが、その装飾にも金箔が用いられた（図b）。[1]
日本でも、襖や屏風や仏像の表面に貼ったり、截金として絵の装飾に使うなど、需要は高かった。その仕事の様子は『七十一番職人歌合絵』中の一図に窺える（図c）。[2]
　金箔師は、西洋でも東洋でも、当初は金粉をつくる仕事にも携わっていた。[3]

78. 銀細工師

貴金属であろうと、大いに精製する余地あり

白銀は、この世に執着する心が
しんそこ心奪われるもの。
しかし、それは飢えを満たしはしない、
思慮深く、慎重な魂の飢えを。
魂は白銀をお創りになった主を望む、
大いなる豊かさに満たされるため。

78. 銀細工師　171

a. ファン・フィアーネン
《蓋付きの水差し》
1614年

b. カルフ
《静物》
17世紀

c.《銀飾り職人》
(『七十一番職人歌合絵』)
1500年頃

　銀細工師は、空気を十分に送り込んだ炉（本図右）で銀を溶かし、それを鋳型に流し込み（中央）、冷えた後に鋳型の締め具を外して取り出す。あるいは金床に銀を置いて、槌でたたいて細工したりもする（左後景）。出来上がるのは、王冠、宗教具、装身具、壺、テーブル・ウェアなどの高級品である。宝石や金の細工師と共同で働くこともあった。
　17世紀オランダではアムステルダムのリュトマ、ユトレヒトのファン・フィアーネン父子（図a）が特筆に価する。彼らの作品は、耳朶様式という呼称が示すように、アメーバーの如き成形に特徴があった。[1] カルフをはじめとした当時のオランダの静物画家は、その複雑な形と銀の眩い輝きを何回となく描いている（図b）。写実の技を誇示するには恰好の描写対象だったのだろう。
　日本の銀飾り職人は12世紀に一般の鍛冶から分化した。図cには、カナハシで挟んだ銀片を金槌で打つ職人、ヤスリがけなどに使う鏨が打ってある作業台が見える。[2]

79. 金細工師

大地を探せ、彼(か)のもののあるところを

金の飾り物やそれに優るものも、
かの美しきエルサレムに旅する賢者には、
あまりに少ない。
彼らの目は遠く高価なものに注がれ、
主の黄金の道に慰められる。
この世の黄金には手を出さぬがよい。

79. 金細工師　173

a. 《金細工師》
（『旧約聖書絵入り本』
1400年頃）

b. 《金細工師》
（アマン『職人づくし』1568年）

c. ファン・フィアーネン
《蓋付きの金器》
17世紀

　金細工師は、王冠、装身具、杯、各種の器などの贅沢品、聖遺物箱、十字架、蠟燭立てなどの宗教具をつくる職人である（図a）。古来、金が王侯貴族の権力と富の象徴だっただけに、彼らの社会的地位も他の職人と比べ徐々に高くなっていった。[1]

　16世紀のハンス・ザックスも言うように、彼らは「時には銀器も銀皿も」つくった（図b）。[2] この状況は17世紀も変わらない。実際、前項と本項を比べても、金・銀細工師には炉、金床、槌、カナハシ、落ちた金属を傷つけぬよう床に敷いたスノコなど、共通の設備、道具が多い。金細工師の工房では、繊細な作業のためになるべく多くの光を採り入れようと、窓辺近くに作業台を置き、ガラスの球体に水を入れ、壁にランプを吊るしている。事情は銀細工師も同じだったはずだ。

　ライケン当時の金の細工物（図c）は静物画に繰り返し描かれた。Pronkstuk（豪奢なもの）と呼ばれるその種の絵は、17世紀オランダの繁栄への頌歌であり、警告であった。

80. ダイヤモンド細工師

ダイヤは、永遠の泉から採った小さき滴

人はダイヤモンド、ルビーで、
己を着飾っては
その富を見せびらかそうとする。
だが、それよりも、義を実践し、
太陽のようにきらめくのがよかろう。
それは宝石とは別の美しさに輝くこと。

80. ダイヤモンド細工師　175

a.《宝石師》
（アマン『職人づくし』
1568年）

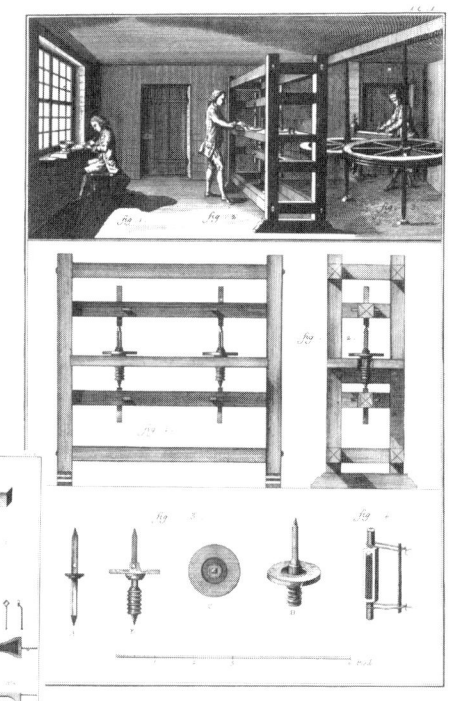

b・c.《ダイヤモンド細工》
（ディドロ『百科全書』18世紀）

　プリニウスがつとに指摘するように、ダイヤモンドは実に硬く、[1]細工がむずかしい。だから、宝石の王者なのに、15世紀までさほど珍重されずにいた。研磨の方法が見つかると、ザックスが謳うとおり、複雑なカットは宝石細工師に委ねられた（図a）。[2]

　16世紀後半からはアムステルダムがダイヤモンド細工の中心地となり、その伝統はいまも絶えることなく続いている。担い手は、オランダに移住してきた亡命ユダヤ人たちだった。既存の同業組合や商売から排除された彼らに許されたのは、ダイヤモンド細工のような新種の仕事だけだったのである。[3]

　本図では、女性が右手の大型車輪を押すと、その運動が伝わり、作業台上の回転砥石が速い速度で回転する。回転砥石上の工具に固定されたダイヤモンドは、オリーヴ・オイルとダイヤモンドの粉末でコーティングされた鉄製の研磨機でカットされ、磨かれていく。その構造は18世紀のディドロが図示したものとほとんど変わりがない（図b・c）。

81. 真珠細工師

賢き商人よ、イエスという真珠を探し出し、売るがよい

真の価値ある宝は
質素で信仰深い暮らしのなかにある。
かの美しい真珠が、
牡蠣に包まれているように。
殻は死によって葬られ、
やがて宝が顕われ、神の御光に輝く。

81. 真珠細工師　177

b. マリー・ドゥ・ブルゴーニュの画家
《キリストの磔刑》部分
(『マリー・ドゥ・ブルゴーニュの時禱書』)
1485年頃

c. フランドルの逸名画家
《若い女性の肖像》
1660年頃

a. 《数珠師》
(『人倫訓蒙図彙』)
1690年

　貝類のなかにできる球形または不定形の物質・真珠は、その美しさと薬効で、早くから注目を集めてきた。中国ではすでに前4000年に貢物にしたという記録がある。ヨーロッパにはアレキサンダー大王の東征以降に、ペルシャ、インドから伝わった。[1]

　本図の職人は、木製のドラム上の小さな窪みに真珠をはめ込み、舞錐で穴を空けている。摩擦熱が出ないよう、窪みには水も同時に入れてある。[2] 後方には、紐に通した真珠を手にする男とそれを指差す職人が立っている。日本の数珠師（図a）にも似たこうした仕事は、ザックスによれば、16世紀には宝石細工師が兼ねていた。[3]

　天の露を吸って生を授かったと称される真珠は、[4] キリスト教では聖母マリアの無原罪の御宿りあるいは純潔の象徴と解され、宗教画にたびたび描かれた（図b）。肖像画には、純潔の徳を強調するため、真珠を身につけた女性がたびたび登場する（図c）。[5] シンボルが聖から俗へ移動したわかりやすい例である。

82. 刺繡工

美徳の技で心を刺し貫け、
気高いものとなれるよう

金や銀で覆いつくされた
どれほど高貴な布地でも、
神の永遠の目にかなう
花嫁衣装にはなお足りない。
神と天使を歓ばしめる飾りとは、
人間が内に秘めるものだから。

82. 刺繍工　179

a. 《縫い取り師》
（『旧約聖書絵入り本』1400年頃）

b. 《バイユーの刺繍布》
1067-77年頃

c. 《処女の紋章》
（カッツ『結婚…』
1625年）

　さまざまな色の糸を使い、布に文様や一定の形を縫い込んでいくのが刺繍工である。オリエントに発するその技術はヨーロッパでは7世紀頃に完成を見た（図a）。有名なバイユーの刺繍布（図b）を生んだ中世のイギリスにとりわけ優品が多い。[1] 日本では、聖徳太子の未亡人がつくらせた《天寿国刺繍帳》などが名高い。

　本図にあるように、職人は、四角い木枠に布を張り、あらかじめ描いておいた下絵に沿って、縫い取りをしてゆく。部屋の中には布を張った枠がほかにも幾つか立てかけてある。窓辺には糸かせ、戸口の上には糸巻きのようなものも見える。凝った刺繍を施した布は高級品で、ステイタス・シンボルになるほどだった。[2]

　17世紀オランダでは刺繍の専門職人は男だったが、家庭内では女がもっぱら針仕事をこなした。針を持つ女の絵も多数伝わる。しかしそれらは必ずしも現実生活を反映していない。勤勉という美徳を体現する徴として選ばれた場合もあるからである（図c）。[3]

83. タペストリー工

どんなに美しく仕上げても、死によって分かたれる

大理石の部屋は、タペストリーに
飾られ、いかに美しかろうと、
塵と土の小屋に過ぎない。
もっと貴い住処、それは、
天上を仰ぎつつ編む者のため、
神がおつくりになった家。

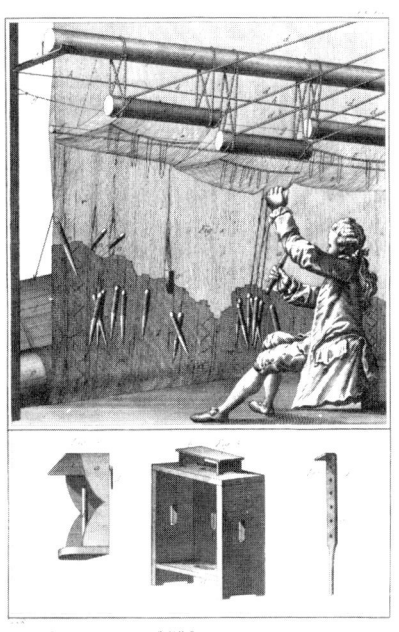

83. タペストリー工　181

a.《タペストリー製造》
　（ディドロ『百科全書』18世紀）

b. メッツー
　《作曲する若い女》
　1667年頃

c. スピーリンク
　《ポロクリスを織り込んだタペストリー》
　1610年頃

　織機に張った経糸に木針で緯糸を通し、図柄を編み出してゆくのがタペストリー工である（図a）。最も古いのは東方の幾何学模様主体のもので、ヨーロッパには14世紀以降に入り、家具の覆いなどに使われた（図b）。[1] 一方、画家が提供する物語の絵柄を織り込んだヨーロッパ産タペストリーは壁掛けが主体で、14世紀頃のフランス、フランドルで最盛期を迎えた。[2] オランダではフランドルからの亡命職人が重要である。16世紀末頃からデルフトを中心に生産され始める質の高い製品は、彼らなしに考えられない（図c）。[3]

　本図には、すでにでき上がったタペストリーを天井から吊した棒に掛け、その前で職人と注文者とが話し合いをする様子が描かれている。客は大枚の支払える者に限られていただけに、その要求も厳しいものだったのだろう。だが、意外にも、高度の技術を習得した職人の懐に入る賃料はさほど多くなかった。潤うのは、仲介役のディーラーや多額の設備投資が可能な工房の経営者に限られていた。[4]

84. 画家

目で見えるものすべて、それだけではなお不十分

芸術は仮象を見えるものにする、
それが芸術の本質と定められているから。
偉大なる絵画も、また、
始源のものを呈示する、
知恵を通じて捉えた
目に見えるものすべての内から。

84. 画家　183

a. フェルメール
《絵画芸術》
1660年代

b. ファン・オスターデ
《アトリエの画家》
1663年

c. 原画
《アトリエの貧しい画家》
1630年頃

　画架の前に座り、制作に余念のない本図の画家。どうやら彼はルネサンス以来切望されてきた学識ある画家のタイプに属するようだ。キャンヴァスの左上の下絵スケッチから、彼が物語画を描いているのがわかるし、着ているのが、仕事着ではなく、長めのローブだからだ。ただしライケンは、仕事道具や弟子の姿を描き入れ、現実のアトリエの雰囲気をあくまで大事にしている。理念（図a）と現実（図b）のちょうど真ん中をゆく画家像を選んだということなのだろう。
　17世紀オランダの画家は厳しい市場原理にさらされていた。それでも、腕の高い者は所期の理想に向かって努力し、納得のゆく仕事をし、それなりの報酬を得ていた。しかし、勉強の機会にも才能にも恵まれず、生活するのがやっとという画家も少なくなかった（図c）。[1] 農夫さえ家に絵を飾って楽しんでいる、と旅行者を驚かせたオランダだが、[2] そうした絵のなかには、あるべき画家像などに無縁の者の作品も多かったに違いない。

85. 銅版画家

彫り直そうと、摩耗しようと、すべては一枚から刷られる

銅板に彫りおこした像から、
何千枚もの像が刷られる。
ああ、いと貴きイエス・キリストよ、
いと美しき天上の像よ、
あなたの聖性を刻印し、
あなたは何千という天上の像をおつくりになった。

85. 銅版画家　185

a. ボス
《銅版画家のいる工房》
1643年

b. レンブラント
《シックスの橋》
1645年

c. 司馬江漢
《三囲景図》
1783年

　銅版画は主にエングレーヴィングとエッチングに分けられる。銅板を直接ビュランで彫るのが前者、銅板に蠟を塗り、固まったらニードルで蠟を掻きとるように線を刻み込むのが後者である。本図の職人は、銅板の下にクッションを入れているので、エッチング職人とわかる（図a）。[1] 刻みの作業が終わった銅板は酸性液に浸け、蠟を掻き落とした部分を腐食させる。酸性液を流し出し（左の人物）、蠟を除けば、絵柄が腐食線となって浮き出てくる。あとの印刷の作業はエングレーヴィングとほとんど変わらない。
　蠟を掻きとるのはたやすいので、ニードルの線は柔らかい。酸に浸ける時間を調節すれば、微妙な濃淡も出せる。エッチングには素描や油彩画にも似た繊細な表現が期待できるのである（図b）。レンブラントは下絵を用いなかったが、自分もしくは他作家の下絵を利用する者もいた。本書の図は、ライケンの下絵を本人と息子が彫版したものである。
　日本では、司馬江漢が1783年に最初のエッチング制作に成功している（図c）。[2]

86. 彫刻家

ああ、人よ、選びとれ、失ってこそ得られる益を

要らない部分を削ぎ落とし、
芸術が粗い石から、
美しき像をつくり出すように、
神の知恵は、望みどおりに、
アダムという人間からキリスト像を創られた、
天上の聖歌隊席を飾るために。

86. 彫刻家　187

a. デ・ケイゼル
《ウィレム沈黙公廟墓》
1613-23年

b. クウェリヌス
《アポロ》
1650年

　ヨーロッパの彫刻の伝統は、偶像崇拝への恐れから中世に一時衰退するが、ゴシック末期頃から再び盛り返し、ルネサンス期に本格的に再生した。しかし、新教を奉じる17世紀オランダでは、依然として教会からの彫刻の注文は望めなかった。ただし、公共の建物、墓、個人の庭や邸宅など、彫刻を必要とする場がなかったわけではない。例えば1620年頃にデルフトの新教会内陣部分に完成したウィレム沈黙公の廟墓はヘンドリック・デ・ケイゼルの彫刻群で飾られた（図a）。[1] 1648年に建設の始まったアムステルダム市の新市庁舎も数多くの彫刻を必要としたが、アルトゥス・クウェリヌスらが古典主義的彫刻によってその需要に応えた（図b）。[2] 注文があれば、彫刻家は木彫像、ブロンズ像、家の破風や家具を飾るレリーフもつくった。
　ライケンが描くのは、そうした彫刻家の一人が、ノミと木槌を使って工房で石の彫像を制作する様子である。右手前には、彼が制作の参考にしている雛形モデルが見える。

87. 音楽家

一滴の水が甘いなら、さらに多くの水を求めよ

人は、望んでいたとおりの素晴らしさで、
拍子をとって歌い、奏でる。
だがそれは、終わりなき歓びに満ちた、
かの場所で、天使たちが、
主の耳に届けようと、
響かせる音の一つの雛形。

a. フェルメール
《音楽の稽古》
1660年代

b. ステーン
《宿屋の前の農民たち》
1655年以前

　17世紀オランダは傑出した音楽家を生まなかったが、楽器を演奏し、楽しむ環境はそれなりに整っていた。例えば、アムステルダム市指定の楽士は、天気のよい午後に戸外で演奏会を定期的に開いた。同市の旧教会付きのオルガニストとなった作曲家スウェーリンクは、説教の前後にオルガン演奏を披露した。[1] ヴァージナル、リュート、ガンバの演奏は上流の子弟の重要な教養の一つだったから、音楽家が個人レッスンを頼まれることも稀ではなかった（図a）。[2]

　こうした恵まれた音楽家とは別に、酒場に呼ばれて演奏する辻楽士のような音楽家もいた。食っていくのがやっとの彼らには、リュート、フルートのほか、ハーディー・ガーディー、バグパイプなどによる陽気な演奏が期待された（図b）。

　本図の音楽家は前者のタイプに属するのだろう。上層の人たちが好んだガンバや鍵盤楽器が傍らにあり、噴水を備えた背後の庭が優雅な暮らしを推測させるからである。

88. 占星術師

最も大事なところに、深く思いを馳せよ

この世の塵のなかに長く座し、
高き天の運行を測ってきた。
もうたくさんだ。はるかに役に立つのは、
命の成り行きと、
最後に起こることを辿ること、
永劫の災いを防ぐために。

88. 占星術師　191

a. 《占星術師》
（アルチャーティ『エンブレマータ』1531年）

b. ファン・ミュッセル
《ある天文学者（地理学者？）の肖像》
1671年

c. ヤコブ杖
（1790年頃）

　占星術では、星辰の位置や動きを人間や出来事に関連づけようとする（図a）。古代以来の長い歴史を持つ学問だが、17世紀の科学革命後に急速に衰退していった。地動説、万有引力の発見、望遠鏡の考案が、宇宙の状態の正確な観察を可能にし、オカルト的な占星術の対極にある近代的な世界像をつくり上げ始めたからだ。
　とはいえ近代への歩みは決して直線ではなかった。ケプラーでさえ占星術的な考えを捨て切れていない。[1] 17世紀オランダでいえば、なお古代の学問の影響下にある保守的な学者と、航海という明確な目的に添って実学的な思考をする学者とが共存していた。一人の学者が相対立するはずの二つの考えを抱くことすら稀ではなかった。[2]
　本図の占星術師と当時の天文学者像（図b）に違いはない。どちらも天球儀、渾天儀、ヤコブ杖（図c）などの器具で囲まれている。ライケンは天を仰ぐ二つの職業にさほど相異を認めていないようだ。往時の学問状況を反映する興味深い学者像である。

89. 弁護士

この世の塵とぬかるみは、
争う価値なし

イエス・キリストが、
信仰厚き人々から正しく崇められ、
行いや誘惑や回避をめぐる
教えが十分に守られ、
至高の義の赴くままになれば、
法律家の仕事もあがったりだ。

89. 弁護士

a. デ・ブロート《弁護士の事務所》1628年

b.《ホラント州裁判所》(フロート『オランダの法律入門』表紙、1631年)

c.《代言人》(アマン『職人づくし』1568年)

　法律相談に乗ったり（図a）、法廷で法律上の是非を論じたり、依頼者の権利を代弁するのが弁護士である（図b）。17世紀オランダでは大学教育を経ることが条件で、その社会的地位はすこぶる高かった。なかには判事に任命され、判決を下す側にまわる者もいた。本図の、本でいっぱいの事務所に座り、かつらをかぶり、長衣をまとう弁護士も、そうした事情を物語るかのように、富裕な知識人として描かれている。国によっては、弁護士の仕事を法廷での弁論に限定し、法律相談をしたり訴訟手続きをするのは代訴人とするところもあった。[1]

　揉め事を抱えた人には頼みの綱となる弁護士も、善良なる市民にはときに抜け目のない輩と映った。事実、アマンの弁護士の挿図（図c）には「正しくない訴訟を…屁理屈で…勝たせる」[2]という詩文が添えられているし、図aには、「弁護士から一頭の牛を取り返すには、もう一頭牛を持っていくしかない」[3]という銘文が書き込まれている。

90. 化学者

あなたを分解し、解き放つ人、それはあなたの友

原料を火にかけると、
核となるもの、最良のものが得られる。
主の知恵も、また、忍耐を通じ、
愛の本性と望みにしたがい、
粗い素材から、
人の霊魂を主のために分離させる。

90. 化学者

a. 《錬金術師》
（ゲスナー『新旧の窮理学…』1599年）

c. ヘールスホップ
《錬金術師》
1671年

b. ブリューゲル
《錬金術師》
16世紀

　錬金術師と化学者を厳密に分けるのはむずかしい。卑金属を貴金属に変えることを目的とした錬金術は、一方では、創造の秩序を理解するという思弁性を持つが、他方では、冶金的操作という、化学者にも似た作業に携わるからだ。[1] その意味で、錬金術師は化学者の前身であったといって差し支えないだろう（図a）。

　とはいえ、錬金術は、人の愚かな欲望をそそるため、しばしば揶揄の対象となった。ブリューゲルは、前景に、錬金術師の夫の後ろで空っぽの財布を見せる妻、後景に、ついに貧民施設に収容される一家を描いて、その愚かしさを強調する（図b）。こうした図像は17世紀にも描かれるが、徐々に嘲りの調子は弱くなる（図c）。[2] ライケンに至っては、錬金術師という名前すら捨て、化学者なる名称を選んでいる。ジェニーヴァー（オランダ産の強い蒸留酒）の精製、漂白産業の成長、爆薬の開発など、オランダで錬金術の実用性が評価され、利用が本格化し始めた証しであろう。[3]

91. 医者

神は薬、死すべき地獄の毒に効く薬

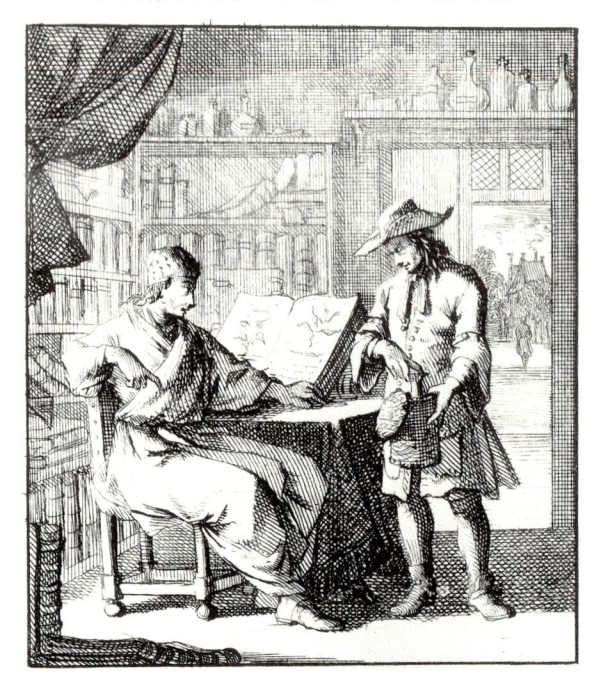

命が憔悴し、病んだとき、
人はまずくて、苦い水薬を飲む、
体が再び回復するようにと。
では、なぜ、わずかの間でも、
永遠に健康であろうと、
少し苦いものを受け入れようとしないのか。

91. 医者   197

a.《ヒッポクラテス［前460-
　前375年頃］の肖像》
　3世紀

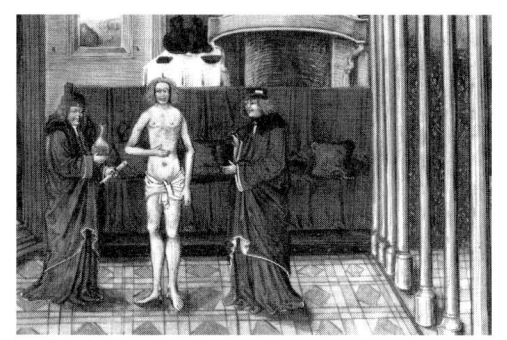

b.《医者》部分
　（アングリクス『所有について』1482年）

c. ステーン
　《医者の往診》部分
　1661-62年頃

　訪ねてきた患者の相談を受ける本図の医者。患者が取り出そうとしているのはどうやら尿の入ったフラスコのようだ。尿検査は、顔色、舌、目、脈拍の検査と並んで、当時の診察の主体だった。医学の祖ヒッポクラテス（図a）は、人間の体は血液、粘液、黄胆汁、黒胆汁の四つの体液からなっており、各液のバランスが崩れると病気になる、との説を唱えた。[1] 以来、尿の色や含有物から体液のバランスを診断する尿検査法が定着したのである（図b）。ステーンは、恋煩いに悩む女性が尿検査を受ける様子をお手伝いの女にフラスコを持たせ、描いている。医者は明らかにヤブだ（図c）。人々は尿診断法に何がしかの胡散臭さを感じとっていたのであろう。
　医者の前の机には植物図を掲載した大きな本が開かれている。医者が大学で受ける教育科目にはしばしば薬草学が入っていた。[2] 薬剤師に宛てて患者の処方箋を書く立場にあった医者には、[3] 当然のことながら、植物に精通することが期待されたのである。

92. 説教師

すすんで永遠の幸せを求める者は、
一日じゅう自らに主の教えを説ききかせる

民衆を天上へと導こうとする者は、
教えと生が一つとなるよう、
自らをこの世の塵から分かたねばならない。
悪しき先例に倣わぬよう、
用心せねばならない。
たどらねばならないのはキリストの足跡。

92. 説教師

a. デ・ロルム
《ロッテルダムのシント・ラウレンス教会》
1655年

b. サーンレダム
《アッセンデルフトのシント・オデュルファス教会》
1649年

c. デ・ウィッテ
《デルフトの新教会》
1653-54年頃

　16世紀末にプロテスタントを国教と定めて生まれたオランダでは、カトリックの教会はみな接収され、改革派教会とされた。壁や天井の宗教画は塗りつぶされ、彫刻は取り払われ、建物の中心はアプシスから身廊の中ほどにある説教壇へ移った（図a、b）。説教師には、大学教育を受けた者が養成されるまでの間は、カトリックから改宗した僧侶、フランドルからの亡命宗教者がなった。彼らは、聖書の解説、改革派の正当性、罪と悔恨の意識の喚起に焦点を絞り、説教をした。[1]

　説教への参加を義務づけられたのは厳格なカルヴィニストだけであり、[2] 他の分派の人が出席を強制されることはなかった。カトリックを信奉し続けた人々は、隠れ教会を持ち、ミサを挙げることさえ黙認された。オランダ独特の宗教的寛容の賜物である。

　本図の教会は、力強く語りかける説教師、静かに聴き入る信者など、いかにも静粛な雰囲気だが、私語する人、遊ぶ子供、喧嘩する犬がいることも珍しくなかったようだ（図c）。

93. 農夫

まず種を蒔く、そして刈り入れる

農耕を通じて、主の祝福を受けつつ、
多くの必需品が人のために獲得される。
だが、たとえ豊かな収穫を望む者も、
希望と信仰の畑では、
わずかな上がりで満足する。
主の実りは永遠に尽きないのだから。

93. 農夫

a. 《農作業をする人たち》
（クレセンティス『農場からの利益』
15世紀後半）

b. ファン・デイク
《軽食》
1615-20年頃

c. デ・ヘイン二世
《牛の肖像》
17世紀

　農夫たちの暮らしは、ハンス・ザックスも言うように、必ずしも豊かではなかった。[1] しかし、食料生産という、生活の根幹を支える彼らの労働の姿は、中世の写本や月暦画の主題として、さらには風景画の添景として、繰り返し絵画の主題になってきた（図a）。

　オランダは穀物の大部分をバルチック沿岸諸国からの輸入に頼っていたが、ライムギ、麻、亜麻、タバコ、野菜など、国内生産されるものも少なくなかった。なかでも牧畜は盛んで、17世紀半ばのエダム市は年間500トンものチーズを輸出していた（図b）。[2] 人間ならぬ牛の肖像画という珍しいジャンルが展開した所以もそこにある（図c）。17世紀版「ウチの稼ぎ頭」といったところだ。チューリップを含む球根植物の栽培も砂丘地帯を中心として17世紀に始まり、オランダの主要産業に成長した。

　本図の農夫が手にするのは搾ったミルクを入れる桶である。中景左には搾乳機の前で働く女性、後景には鋤を馬に引かせ、畑の手入れをする農夫の姿が見える。

94. 船乗り

東に行く者は、西から回れ

ああ、船乗りよ、荒海を開き、
よき希望を抱いて、遠く海をかき分けて進み、
救い主のもとへ旅立つ者よ。
荒れた海も行かねばならない。
だが、一定方向に舵をとれ。
さすれば、危うきに近づくことなし。

94. 船乗り　203

a. フィンクボーンス
《航海術の講義》
17世紀

b. フローム
《嵐の中の海》
17世紀

c. ファン・ウィーリンゲン
《ジブラルタルの戦い》
1607年

　羅針盤、四分儀、ヤコブ杖などを用いて未踏の海路に挑んだ人類は（図a）、1522年、ついに地球一周を成し遂げた。その大航海時代の最終局面に登場して東西インド会社を設立し、インドや日本までをも商圏とする大貿易国家をつくり上げたのが17世紀のオランダである。護衛艦を従えた大船団は、毎年、イースター、9月、クリスマスに大勢の海の男を乗せて出帆していった。

　その隆盛は、17世紀初めに3万3千人ほどだった船乗りの数が1680年に約5万人に増えたことからも推測できよう。[1] 食料事情、医療事情が他国に比べ比較的マシだったとはいえ、彼らの旅は長く辛く、危険に満ちていた。その上、報酬は僅かだった。[2] オランダの海外進出は、掛け値なしの船乗りの冒険心に支えられていたのである（図b）。それは、軍艦に乗り組み、戦う船乗りにも言えることだ（図c）。新大陸の発見、商圏の拡大が生む国家間のいざこざは、彼らの活躍なくして収まらなかっただろう。

95. 漁師

この世の大波を泳ぐ者は皆、
神の大いなる漁網を逃れられない

知恵ある者は言う、海岸の漁網のように、
大いなる漁師・キリストの手が
人という獲物を選び、
良きものを天上の桶に入れ、
悪しきものを醜き穴に落とす、
そんなときがやがて来るだろう、と。

95. 漁師

a. フォーヘラール
《オランダのニシン漁船団》
17世紀

c. デ・ヘーム
《静物》
17世紀

b. ファン・オスターデ
《魚屋》
1672年

　海岸で網を引く二つのグループの男たち（本図右）。魚を背負い籠に入れて運ぶ女（中央）。左手に網、右手に魚の入った籠を持つ男（手前左）。ライケンは、いかにも漁業の盛んな国オランダらしい海岸風景を描いている。もちろん、近海に船を出し、漁をすることも劣らず盛んだった。漁獲量の多かったニシンの場合は、大船団を組み、護衛艦に守られながら、スコットランド沖、グランド＝バンクなどの遠洋に出掛けて網を入れ、塩漬けしてから持ち帰るのが普通だった（図a）。[1]

　魚は新鮮さが命なので、船着き場で直接小売りをすることも稀ではなかったが、たいていは市場の店先で売られた（図b）。客の求めに応じ、中わたの除去もしたようだ。

　漁師や魚はキリストの象徴として早くから絵画に登場した。[2] 静物画に描かれた魚にもそうした伝統が生きていることがある。静物画をしばしば彩る高級食材・オマールエビは、絵画的魅力と同時に、ときに贅沢・過剰を戒めるために選ばれた（図c）。

96. 狩人

罪の歓び、それは嚙みつく犬

世界という名の原始の森は、
狩人をも木で覆う、
激しくすばやく獲物を追うあの狩人を。
皆、その追跡と罠を逃れようとする。
もし誰かがその狩人の名を問えば、
人は挙げる、かの闇の魔王の名を。

96. 狩人　207

a. ボル
《男の肖像》
1647年

c. メッツー
《狩りの獲物》
1658-60年

b. ウェーニクス
《ハンスベルク城の
風景と獲物》
1712年

　狩猟採集は人間の最も古い生存のための営為だが、やがてスポーツやレジャーとなり、貴族や上層の人々の特権、ステイタス・シンボルになっていった（図a）。本図の狩人は、服装等からして、さほど裕福な様子ではない。中景には鳥のとまる棒を持つ男の姿も見える。どうやら犬や鳥を遣う狩りの従者のようだ。
　オランダは、砂丘地域に鳥や小動物、東部の森にシカなどが棲息しており、狩りの環境に恵まれていた。[1] 獲物は剥製や食用にしたが、その姿を永遠にとどめおくために、画家に描かせることもあった。貴族の狩猟館などが、この手の獲物画とでも呼ぶべき静物画で飾られていることが多いのはこのためである（図b）。
　風俗画には、ときに、狩りから帰ってきた狩人の姿が描かれる。男は部屋で待つ女性に獲物の鳥を差し出す（図c）。こうした絵は、現実の情景を模したものであるとともに、男女の交わりを暗示するエロティックな意味を帯びていることがある。[2]

97. 商人

先を見て、掘り起こし、永遠の善を求めよ

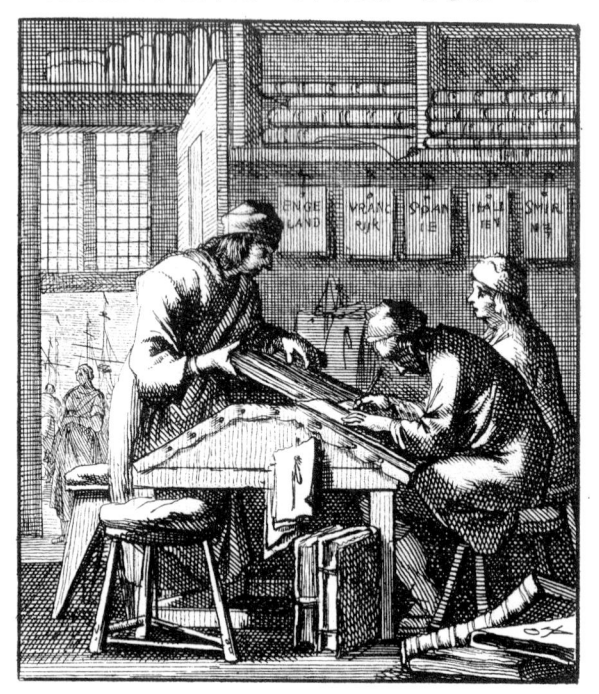

商人は自分の金を出し、
商品を買いつけ、賭けをする、
利益を願い、みずから判断して。
高貴なる理性も、また、
永遠という大いなる善を求め、
この世の本質に狙いを定める。

97. 商人

a.《マテウス・シュヴァルツと
　ヤーコプ・フッガー》
　16世紀

b. マッシス
　《両替商とその妻》
　1514年頃

c. ファルコネ
　《商人を寺院から追放するキリスト》
　17世紀

　机の前に座り記帳をする男。前に立つ主人らしき人の言葉に耳を傾けるその隣の男（本図の右）。壁にはイギリス、フランス…などと書かれた帳簿が下がっている（後方の壁）。貿易国オランダの中心・アムステルダムに活躍した商人のオフィスを彷彿させる情景である。ドイツのフッガー家やベルギーのアントウェルペンが栄えたときも似たような場面があっただろうが（図a、b）、アムステルダムではスケールが一段と大きかった。1608年設立の商品取引所では世界中の商品相場が掲示され、各国語が飛びかう中で取引が行われた。1609年にできた振替銀行は各国通貨での決済を可能にした。[1] ライケンはオランダ経済が傾いて久しい頃に生きたが、かつての名残りはなお随所にあったはずだ。

　キリスト教は、「商人を寺院から追放するキリスト」といった主題の絵（図c）からもわかるように、商活動を心の糧となる瞑想的な生活に対立するものと見なす。図bの女性が宗教書をめくっているのは、商いする者の心がけを暗に示すためなのである。[2]

98. 軍人

耐えて、我慢すること、それがキリスト者の戦い

真の戦いを望む者は、東にも西にも出掛けず、
自分の巣にとどまり続ける、
罠を仕掛けられ、呪われようと。
すぐ傍の敵に、
人は気づかぬものだ。
だが、その敵を倒す者は称えられよう。

a. デ・ヘイン
《兵士》
1608年

b. デュック
《略奪》
17世紀

c. キック
《兵士の一団》
1645-50年頃

　本図の中央に士官。その左隣に腰に火薬入れ（図a）を下げる兵士。中景に騎馬の人物と槍の兵団。後景に、大砲を打ち込まれたのか、もうもうと煙を上げる街。騎兵、歩兵、大砲、銃、槍、剣等々、当時の戦いの基本的な要素を簡潔に盛り込んだ本図には、経済大国・17世紀オランダのもう一つの顔が見える。1648年まで続くスペインとの戦争、1652年以降の断続的なイギリスとの海戦、1672年のフランス軍の侵攻など、世紀を通じてオランダに戦いが絶えることはなかった。

　この間、デ・ライテルのような名将も出たが、兵隊の多くは外国人傭兵で、低い報酬への不満からときに通りがかりの村を略奪し、荒らしまわった（図b）。[1] 戦争の日常化は、いやが上にも軍需産業を栄えさせ、[2] 飲み屋や娼家や衛兵所にたむろする兵士たちを風俗画の一主題として定着させもした。図cからは、女、子供、物売り、浮浪者などを引き連れて移動する当時の軍隊の慣習が窺える。[3]

99. 支配者

支配せよ、
心の王国を脅かす反逆者を

王位にまで上り詰めた
分不相応の者、
その幸運を人はどんなに嘆くことか！
だが、それも、取るに足らぬ些事、
心を美徳で満たす人すべてにやってくる
かの救済のときには。

b. ファン・ホントホルスト
《総督フレデリック・ヘンドリック》
1650年

c. ファン・デ・フィンヌ
《ヴァニタス静物画》
17世紀

a.《アウグストゥス像》
前20年頃

　支配者は、古くから、像という形で自己を永遠化し、権威づけた（図a）。なかでも古代ローマ風に演出された像は歓迎された。像主がかの帝国の威光を借りて、一段と威風堂々と見えると信じられたからである。ライケンもまた、背後に古代風の円形アーチを配置し、支配者にローマ風のトーガを着せて、その権力の大きさを強調する。
　しかし、17世紀オランダに王はいない。確かにオラニエ家は王に似た地位にあったが、[1] あくまで総督として軍事権を握る一名門家系にすぎなかった（図b）。ライケンは17世紀のオランダ人が概念でしか知らない支配者を本書を締めくくるにあたり画題に選んでいるのである。王権も救済のときには些事、という付随のテキストが優先したエントリーなのだろう。その意味で、本項の支配者の像は、静物画に描かれた王冠と同じ文脈にあると言えよう（図c）。砂時計、髑髏、楽器などとともにある王冠は、世俗の権力の空しさ・ヴァニタスの徴と解されるからである。

100. 墓掘り

心ある者は、これを鑑とせよ

子供も大人もこれが終わりだ、
死を癒す薬草はそこには生えない、
いかに執着し、こだわろうとも、ここが別れだ。
だが幸いにも、
他のすべてに優る美徳、
それこそがわれらを死しても導いてゆく。

a. ファン・デン・ヘルスト
《死んだ子供の肖像》
1645年

c. ファン・フリート
《デルフトの新教会内部》
1660-62年

b.《死者の出た家》
（ファン・デ・フェーン『エンブレマータ…』1658年）

　17世紀オランダでは、亡くなった人には最上の服が着せられ、幼くして逝った子供には白い服が用意された（図a）。図aの死者の足元のトーチは、喪の慣習ではなく、美術で用いられる死の徴である。[1] 死者が出た家では入り口にランタンを下げ、近隣に喪を知らせる習慣があった（図b）。やがて棺は、黒のスカーフを巻きつけた黒の帽子、黒の服に身を包んだ参列者に伴われ、教会に運ばれ、儀式の後、用意された墓所に土葬される。[2]
　死者は、出せる金の多寡に応じ、教会内の永代の墓、25年レンタルの墓、教会外の墓地、貧者の共同墓地等に埋葬された（図c）。レンタルの墓は、期限が来ると掘り返され、遺骨は共同の納骨堂に移された。同業組合の成員には組合による葬式が準備され、ユダヤ人は町外れの固有の場所を墓地とし、処刑者は野ざらしにされた。[3]
　ライケンは、キリスト教的美徳を称え、世俗の富を捨てよと呼びかける。確かに死は誰にでも平等に訪れる。しかし、葬式と墓には生前の現実がついてまわったのである。

ヤン・ライケン著『人の営み』(1694年)と17世紀オランダの働く人々

小林頼子

1. 江戸の画人・江漢とライケン

◆鎖国時代の日本と『人の営み』

　ヤン・ライケン？　一体、誰だ？『人の営み』？　すでに有名なアマンの『西洋職人づくし』(岩崎美術社)も刊行されているではないか。類書をまたぞろ出して何になる…。この原稿を書く私の耳にそんな声が聞こえてきそうな気がする。

　でも、待ってほしい。江戸の鎖国のさなか、わが国が外界から閉ざされていた時代に、日本人がほとんど唯一、目にすることのできた貴重な西洋人の働く姿がそこにあった、としたらどうだろう。長い職人づくし図の伝統のある日本人のことだ、彼我の労働の姿を比較し、双方の相違と一致に深い興味を抱いたのではないか。人々の服や髪型、住まいや町の様子など、風俗の違いも見逃がしたはずはない。ライケンの『人の営み』(以下、ライケン本と呼ぶ)は、江戸の日本人の目を庶民レヴェルの西洋生活事情に開かせるとっておきの一書だったのである。怒涛のように欧米文化を取り入れて暮らす現在の日本人にとり、その影響の嚆矢ともいえる本書を一瞥しておく意義は大いにあるのだ。

　とはいえ、『人の営み』を目にした、読んだといったことを記した当時の文書が残っているわけではない。この本がいつ、どのような経路で日本に入ってきたのかも不明である。数ある版のなかで、一体、どの版が何冊ほど舶載されたのかも把握できるわけではない。第一、将来されたに違いない本自体が、現在、日本に一冊として伝わっていないのである。

◆洋風画の展開

　では、どうして日本人の目に触れた、などということが言えるのか。

　「蘭癖」のあったと言われるかの江戸の画人・司馬江漢が『人の営み』に掲出された図版の幾つかを模写をしているからなのだ。ライケン本の図版はそれら江漢の模写を通じて江戸時代の人の目に触れていたはずなのだ。

　ヨーロッパ絵画の影響がわが国に最初の痕跡を印すのは、まだ日本が鎖国に入

挿図1．司馬江漢《西洋籠造図》1812年頃

挿図2．司馬江漢《埠頭図》
1781-1800年

挿図3．司馬江漢《西洋樽造図》1795年頃

挿図4．司馬江漢《西洋人石工の図》1804年

挿図5．司馬江漢《漁夫図》1804-17年

挿図6．司馬江漢《皮工図》1785年

る前の桃山時代のことで、その頃に制作されたその種の作品は第一期洋風画と呼ばれている。その後、周知のように、江戸幕府は鎖国政策を布き、外国の文物のほとんどはわが国の人々の前から姿を消した。しかし、18世紀初めに吉宗（在位1716-45年）が将軍位について、その統制にいささかの緩和措置が講じられて以降、数こそ多くなかったにしても、外来の書物や絵が再び海を渡って日本に入り、やがて第二期洋風画の素地をつくり上げてゆくことになる。18世紀後半、エレキテルで有名な平賀源内、秋田藩士の小田野直武、上述の司馬江漢、さらには谷文晁といった面々が、ヨーロッパの絵画を模写し、その様式を反映させた作品を制作し始めるのである。

　第二期洋風画家たちの試みは、幸か不幸か、伝統的な日本絵画を変えるほど大きな影響を及ぼすことなく終息していった。当時将来されたであろう作品で、現在まで伝わるものもほとんどない。そうしたなかで、江漢の模写を通じてではあるが、往時の存在が確認できるのがライケンの『人の営み』なのである。[1]

◆江漢による模写

　1970年以来、岡野圭一、菅野　陽、成瀬不二雄の各氏がくり返し指摘しているところではあるが、先学の研究に従い、ここであらためて江漢による模写を確認してみよう。[2]

　成瀬による江漢のモノグラフを底本にすると、ライケンの『人の営み』から、まず扉絵、そして「籠職人」、「白目細工師」、「帆布職人」、「桶職人」、「蠟燭職人」、「皮なめし工」、「石工」、「泥炭掘り」、「船乗り」、「漁師」（順に本書no.10、26、39、40、42、59、70、74、94、95）など11種の作品が模写の対象に選ばれている。『人の営み』には101枚の図版が載っているので、その十分の一強が江漢の関心を引いたということになる。そして彼はこの11種から実に16点の模写作品を制作した。[3]

　ただし、模写とはいっても、文字通りの写しというわけではない。画型が縦から横に変わっていたり（no.10→挿図1）、構図が異なっていたり（no.94→挿図2）、モティーフの加除があったり（no.40→挿図3）といった改変はつねのことだ。なかには、一般的な類似性が認められるに過ぎないが、ライケンと同じオランダ語の標題が作品中に書き込まれているところから影響関係が類推できるもの（no.70→挿図4）、主要モティーフは大きく違うが、モットーの一致がモティーフの引用関係を明らかにする場合（no.95→挿図5）などもある。ちなみに「皮なめし工」（no.59→挿図6）では、画面が横長に変わったばかりでなく、版画化されているため、モティーフの向きが手本とは逆になっている。

　こうした改変の過程で、空が高く開け、前景上方に小枝をあしらった日本画風

の構図ができあがった。人物の表情、服装、町並み、風景の細部にしても、ライケンを正確に写しとり、西洋の雰囲気を何とか漂わせようとしているものの、何せ見たことのない西洋の世界である、日本的な情緒がにじみ出さないわけがない。東西文化の融合の面白さと限界をともに痛感させる模写の試みである。

創造的模写とでも呼んでみたいこれらの作品は、天明年間（1781-88）から文化年間（1804-17）まで、初期を除く江漢の全制作時期にわたって見出される。したがって、ライケン本を周囲の蘭学系の人から借りて参考にしたというより、江漢自身が本を所有していた可能性を考えてよかろう。辻蘭室の『蘭語八箋』（1795年）の凡例には「江漢ノ蔵スル職人ブック」との記述があるが、[4] この本こそはライケンの『人の営み』であったに違いない。[5]

◆江漢の選択

では、100枚余のライケン本の図版から江漢はどうやって11種を模写用に選んだのか。

江漢の興味を引いたのは、まず何よりも、日本でも見かける仕事だったようだ。「パン屋」や「羊毛洗い」や「ダイヤモンド細工師」など、物も道具もまったく見たことのない職業は、いくら新しもの好きの江漢でも取り上げようがなかったのであろう。模写した点数16といえば、そうした作品に対する関心が江漢の周囲の愛好家にそれなりにあったということだが、自分も理解できない職業では、作品の売り込みようもなかろう。唯一、日本でまず目にすることのなかったであろう仕事で江漢が取り上げたのは「泥炭掘り」（挿図7）だが、川辺で小舟をあやつる人物を、彼はただ単に荷物を運ぶ舟人と勘違いしたのではないか。現に、この模写には、ほとんどの模写作品に入っている職種をあらわすオランダ語が記されていない。言葉の意味が解せなかったためではないのか。

もう一つ、江漢が模写の対象を選ぶ際の基準に、戸外の情景、というのがあったかもしれない。「白目細工師」と「蠟燭職人」を除くと、江漢の選んだ原画はすべて戸外が舞台となっている。「蠟燭職人」の場合には、模写の際に、室内の枠組みがすべて取り払われている。江漢はライケンの模写を始める前から、幾何学的透視法などの西洋画法に深い関心を寄せていたが、実際に透視法を

挿図7. 司馬江漢《泥炭掘図》
1789-1800年

使って室内を描いた作例を見ると、必ずしもその画法を十分に使いこなしているとは言いがたい。先に、前景に小枝をあしらった構図を日本画風と指摘したが、実際には、前景の片方の脇に木を配したり、前景の中央に大きく人物モティーフを描いて奥行きを暗示するのは西洋風景画の常套的処理法でもある。ライケンの戸外図にはこの特徴がとりわけ顕著に出ている。江漢は、不得手の透視法を必要とする室内図は避けて、日本化の容易な構図を探し、戸外図を意識的に選んだのではないだろうか。

◆江漢のオランダ語力

　ところで、これほどにオランダ渡りの本に夢中になった江漢だが、彼はライケン本に書かれたオランダ語を、一体どの程度まで理解していたのだろうか。日本にも同類の職業がある場合、職種を示した標題の意味は苦もなくわかったことだろう。しかし、標題の下のモットーや、絵の下の6行詩による解題の内容はどうだろう。江漢は、『春波楼筆記』(1811-12年) に「弁護士」(no.89) のモットーを転記し、翻訳もしているが、写しとられたオランダ語はかなりいい加減である。その状態では彼の記しているような訳には何としてもなりようがない。[6] このことは、その翻訳が、自分自身の試みというより、周囲にいた蘭人あるいは蘭学者の助けを借りた結果であったことを示していよう。「漁師」(no.95) の場合には、模写作品の上方に「この世の大波を泳ぐ者は皆、／神の大いなる漁網を逃れられない」というオランダ語のモットーが写しとられている（挿図5）。その内容は、後にも触れるように（225-226頁参照）、きわめてキリスト教色が濃い。もっといえば、ライケン本そのものが、一見、職業図鑑のような体裁をとっているが、それぞれの人の営みの背後にキリスト教的教訓を読み取らせるという意図のもとに編まれている。

　江漢は、オランダ語力の不足から、幸いにもその辺の内容を理解せず、キリスト教の禁止された日本でライケンの図版を堂々と活用してしまった、と見てよさそうだ。何よりもまずはイメージに関心を寄せる画家として当然のことだったとはいえ、絵が宗教的教えのためにもあるという、西洋の図像伝統に深いところで直面し、対決することはなかったのである。

2.『人の営み』のキリスト教的狙い

◆エンブレマータとしての『人の営み』

　そこで次に、本書のモットーと解題に目を配りながら、ライケンが本書を編んだ狙いを見定め、江漢の直面することのなかった「西洋の図像伝統に深いところ

挿図8. ライケン『人の営み』初版（1694年）より、「石工」（no.70）の見開き

で」直面してみることにしよう。

本書の1694年の初版は扉絵と、100の職業のそれぞれをタイトル・モットー・図版・詩による解題で紹介する部分とで構成されている。左頁は白紙、右頁に各職業を順番に振り当てるという造本である（挿図8）。

図版と文字部分とからなるこうした寓意詩画集は、エンブレマータ（emblemata）と呼ばれる当時はやりの文学形式であった。たいてい絵との関連がおよそつかめぬ警句風のモットーが付され、その理由が解題で説明されてゆく。解き明かされた絵とモットーの関連は、意外であればあるほどかえってインパクトを強め、読者の脳裏に深く刻みつけられる。いささか判じ物めいたところがないではないが、一種の知的韜晦趣味を満足させる読み物として知識人の知的欲求を満たしたばかりでなく、直接的な言辞では言い尽くせない微妙なニュアンスを伝える手段としても、絵入りの道徳本としても人気を呼んだ。使われる図版は、妙に癖があったり、構図の整理がついていなかったりで、できのよいものは案外少ない。

ライケンの『人の営み』は、そうしたエンブレマータの伝統のなかで、図版が飛びぬけて写実的で、しかも質が高い。その点では他書と比べていささか特異ではあるが、どの職業もキリスト教の教えと関連づけられ、象徴的に読み解かれており、それまでのエンブレマータの流れをごく正統的に受け継いでいる。1694年7月3日付けの『アムステルダム新聞』に掲載された「……職人、芸術家の銅版画と、宗教的な示唆に富む詩文が付いている」という、ライケン本の宣伝文からも、そのことは明らかである。[7]

◆紙背に潜む教訓

わかりやすい例を紹介してみよう。キリスト教徒ならずとも、ダ・ヴィンチの《最後の晩餐》は複製で一度くらい目にしたことがあるだろうし、ことによると、そこでキリストがパンを自らの身体に喩えたことを耳にしたことがあるかもしれない。そのキリストの語った喩え以来、パンは、キリスト教を信仰する者にとって象徴的な意味を帯びることとなった。ライケンは、本書を編むにあたり、「パン

屋」、「仕立て屋」、「大工」（no.1、2、3）と、まずは人間の基本的活動にあたる衣食住を順番に取り上げたが、なかでも「パン屋」を冒頭にもってきたのはその象徴的意味の故であり、偶然ではなかろう。モットーの「体を養うもの、それは心の糧となる」に、その意図は十分以上に読み取れる。小麦を捏ね、窯に入れて焼く職人、それを買いに来た主婦らしき女性を配した図版を見る者は、パンは日々の欠かせぬ食糧であるとともに、神が授けたもうた恩寵でもある、ということを常に思い起こすよう期待されているのだ。

　では、パンのもとになる小麦粉を製造する「粉ひき」（no.48）の場合はどうか。図には川岸で小麦粉の荷揚げをする数人の男たち、羽根を四方に広げて点々と並ぶ風車が描かれ、モットーには「天の恩寵は、つかみ取る者のもの」とある。なぜ神の恩寵と風車が関連づけられるのか、解題がライケンの意図を明らかにしてくれる。風が神の恩寵に喩えられ、その風を受けて回る風車が恩寵を享受するキリスト教徒の姿に重ねられているのである。オランダでは、粉ひき用、排水用と、風車が重要な動力、生活の要として至るところで大活躍していた。人々はその恩恵を肌身に感じていたはずであり、こうした比喩は案外にわかりやすく、切実なものだったにちがいない。

　オランダ人特有の暮らしが生み出した比喩はほかにもある。「ビルジ用ポンプ職人」（no.36）と聞いて、どんなポンプか理解できたら、その人はかなり船の構造に通じているはずだ。ビルジとは船底の湾曲部のことで、その部分に浸水してきた水を排出するための専用ポンプがビルジ用ポンプと呼ばれる。描かれているのは、水を排出する管に錐を使って穴をあけている職人である。そしてモットーには「難破を望まぬ者は、手を動かして働く」とある。その心は、海を腐敗したこの世、浸水した水を自らのうちに巣食う怠惰、ポンプを神を求める人間に喩えた解題によって示される。腐敗の海に漂う者よ、怠惰の水を掻い出し、神の救いを求めよ、というわけだ。世界の海を股にかけ、危険を顧みることなく遠方へと出掛けて行った17世紀のオランダ人は、この比喩を、こじつけどころか、実に身につまされて受け止めたことだろう。

◆エンブレマータと絵画

　現実の何らかの現象や事物に神の恩寵や警告を認めたり、この世の真実を読み取るこうしたエンブレマータのあり方はどこか牽強付会で、どこまで読者を納得させ得たのかと、思わず勘ぐりたくなるむきもあろう。しかし、実際には決して孤立した特殊な知的遊戯ではなく、むしろオランダ人の心性の一部をなしていたといっても過言ではないようなところがあった。試みに17世紀オランダ絵画の世

挿図9．アーフェルカンプ《冬景色》1615年頃

界を覗いてみよう。

　17世紀オランダで頻繁に描かれた風物の一つに、冬のスケート風景がある（挿図9）。国じゅうにはりめぐらされた運河は、冬になって凍ると、恰好のスケート場に変身する。さまざまな階層の老若男女が思い思いに冬のスポーツに興じる姿は、楽しくもあり、ときに滑稽でもある。正装したご婦人がお尻丸出しでころんでいるところなど、笑いなしには見られない（画面中央）。不注意にも薄氷を踏み抜いて溺れる者には、凍てつく死の世界が待っている（画面左方）。まさに楽しみと嘆きは歩みを共にしてやってくるのだ。注意せよ！　絵からはそんな警告が聞こえてくるようだ。

　そうした読みが、画家の意図を超えた単なる恣意的思い込みでないことは、ライケンの「スケート靴職人」（no.34）が教えてくれる。職人の工房を描いた図には「ちょっとした歓びのために、大きな危険を冒す」というモットーが添えられている。そして、解題は、死の深淵、地獄の入り口がこの世の歓びに溺れ、地上の渦の上に遊ぶ者を待ち受けていると警告する。スケートをする人々のいる冬景色図とライケンの「スケート靴職人」とは、同じ時代を生きる人々の共通の思いに貫かれた世界なのである。ちなみに、挿図9の右後方の風車は、前出の「粉ひき」を手掛かりにすれば、この世が神の恩寵に向かって開かれていることを暗示するモティーフと捉えることもできよう。絵は、見る楽しみを提供するばかりでなく、教訓をも問い掛けていることを、エンブレマータは説得力豊かに見せ、読ませ、考えさせてくれるのだ。[8]

　もう一例、挙げておこう。「楽器職人」（no.55）を描いた図には「善し悪しは、狙い次第」とある。調律と人の行いを重ね合わせたこのモットーを、解題の詩では、楽音は確かに美しいが、神に心を向ける作用とならなければ虚しい、と解説

する。楽器がヴァニタス静物画の主要モティーフの一つであることは、ヨーロッパの静物画の伝統を知る者には、とりわけて新しいことではない。だからこそ、死を連想させる髑髏や、やがては消えてしまう蠟燭や、時が経てば萎んでしまう花とともに楽器が描か

挿図10. クラースゾーン《ヴァニタス静物画》1629年頃

れるのである（挿図10）。すでにおわかりのことと思うが、静物画とライケンの解題にうたわれた内容には「虚しき営み」に対する警告という通底する考え方があるのである。ついでのことながら、ヴァニタス静物画には、挿図10のように、金銀の細工物が描かれることも多いが、「銀細工師」（no.78）の解題からその理由が判明する。俗人は銀に執着するが、それは心を満たしはしない、大いなる豊かさは銀を創った神にこそある、というわけだ。死を思い、俗世の美や富の虚しさを説くヴァニタス静物画の意図が見事に代弁されているではないか。

◆見える世界を超えて

キリスト教には、旧約聖書の物語に新約の救済の物語を読み込むタイポロジーの伝統がある。一方、聖書の文言は、字義どおりに解釈されるとともに、寓意的にも、終末論的にも、比喩的にも読み解かれる。説教師はそうした重層的な読みを説教壇から信徒に説いて聞かせた。当時の人々は、現代人よりもはるかにたやすく、表層の言葉の下に潜む意味に思いを馳せる思考回路を養っていたということだ。

ライケンもまた、そうした伝統のなかに生きる表現者であったことは、初版本の一冊にみずから書き加えたメモが示している。[9] 各見開きの右頁に示された職業とそのキリスト教的意味に関連する聖書の個所を、白紙のまま残された左頁に複数にわたり書き出したのがそのメモである（挿図11）。たとえば、モットー及び解題で、漁師

挿図11. ライケン『人の営み』初版（1694年）より、「石工」（no.70）の見開き。
左頁にライケン自筆のメモが書き込まれている。

が海に入れる漁網を神が信徒を捉える行為に喩え、人々はやがて審判のときを迎えるのだと説く「漁師」(no.95) の左頁には、マタイ伝4章18-22節、(イエスが漁師のペテロとアンデレの兄弟を「人間をとる漁師にしてあげよう」といって召命した後、ヤコブとヨハネの兄弟を呼び寄せる場面)、同13章47-49節(天の御国を地引き網に喩え、人は獲れたものを仕分けするが、それはこの世の終わりの審判でも同じこと、と説く個所)が記されている。しかも、これらのメモの内容は、1704年の第四版からは活字となって左頁に印刷されていく。聖書の記述に慣れ親しんだ者にとり、描かれた職業のキリスト教的な意味を類推するのはさして困難なことではなかったにしても、ライケンは自分の意図が間違いなく読者に伝わることを願ったのである。

◆個別的世界の語る普遍

ウィーロックは、大阪で開催された『フェルメールとその時代』展の図録で、17世紀オランダ人が個のなかに普遍を見透かす心性を持っていたと指摘し、そこから、個別的事象や事物を描いた17世紀オランダ絵画の写実性とそれらに潜在する普遍的意味や公的意味との併存を説明しようとした。[10] デ・ヨングが17世紀オランダ絵画の写実的外観の背後に教訓的な意味が隠れていると指摘したのはもう四半世紀も前のことだが、近年では、その図像解釈に繰り返し強い批判が浴びせ掛けられている。[11] 掘り起こされた教訓的意味が写実的外観にそぐわないというのだ。しかし、両者は必ずしも排除しあうものではない。ウィーロックも言うように、両者はときに歩みをともにし、互いの意義を強め合う。

ライケンの『人の営み』はその好例の一つといっていいであろう。確かにライケンの示唆する教訓的内容は、彼の嗜好を反映するばかりでなく、ある程度、時代の空気と通じたところを持つ。例えば「秤職人」(no.27) と「占星術師」(no.88) は、17世紀オランダの風俗画家フェルメールの2つの作品、《天秤を持つ女》と《天文学者》を読み解くにも有効である(参図27-c、挿図12)。前者では、現実の秤る個々の行為が神の審判に比せられ、後者で

挿図12. フェルメール《天文学者》1668年

は、人が生きて行くのに必要な天の道の重要性が現実の天体の運行を知ることと画中画によって示唆されている。[12] ライケンの「秤職人」、「占星術師」のモットー、「正確にはかれ、厳しき主の眼差しの前で」、「最も大事なところによく思いを馳せよ」と何とよく似た狙いではないか。ライケンの教訓詩は、単なる抹香臭いお説教ではなく、言葉とイメージの紡ぎ合いから同時代の人々がどのような普遍的意味を読み取っていたかを探る重要な手掛かりとなっているのである。[13]

3. ヤン・ライケンの生涯

◆放蕩から敬虔へ

ところで、時代の精神風土を吸い上げつつ熱心にキリスト教的教訓を説くライケンとは、一体、どのような人物だったのであろうか。

ヤン・ライケンは1649年4月にアムステルダムに生まれている。[14] エッセン出身の教師であった父は、再洗礼派にシンパシーを抱いていたため、息子に洗礼を受けさせなかったようだ。ライケンは、学校を終えた後、画家としての修業を始めた。しかし、すぐに画業に取り組むことはなく、若い頃は詩人として、

「レオノーラの目より輝きいずる光よ、
　その煌きはダイヤモンドにも優る。
　天上の力に打たれしわが若き心、
　しかして軽やかに燃え立つ‥‥」

といった、甘く華やかな恋愛詩などを発表しながら、放蕩の日々を送っていた、と伝えられる。

その彼が敬虔主義に転じ、厚い信仰心を吐露する詩を翻然として書くようになるのは、1675年、26歳のときのことであった。

「穏やかなり、命の涼しき源よ、
　神の御力より湧き出でて、
　わが心の炎を和らげぬ‥‥」

改心のきっかけは友でもあった詩人の死であり、ハウブラーケンによれば、その変化はそれまでの自分の詩を廃棄するほどに徹底していた、という。[15] そして1681年、結婚10年弱にして妻が亡くなる頃には、詩人としてのみならず、素描家・版画家・画家・出版人としても本格的な活動を始めていた。ただし、絵画作品は母の肖像画が1点現存するのみで、画家としての制作はさほど活発ではなかったようだ。ともあれ、そのころの彼はときに厚い信仰の人たちと交わり、ときに貧しい人を訪ね、彼らの不足を満たしてやり、いつでも親切に愛をこめて行動した、と

同時代人は証言している。

◆『人の営み』の出版

　1694年、本書の底本となった『人の営み』が自らの手でアムステルダムにおいて出版の運びになった。図版のための下絵素描とモットー、解題はヤンがすべて担当したが、素描の彫版に際しては、5人の子供のうち唯一生き残った愛息カスパルも一部力を貸したようだ。面白いことに、同じ年のうちに出版人フィッセルの許から第二版が刊行されている。初版と異なるのは、「Spiegel」（鑑）という言葉がタイトルの先頭に付加されたこと、扉絵の下の銘文が本書の扉絵の解説と注に紹介したようなモットーと4行詩に変更されていることである。[16]
　同じ年に2つの版が出たのは予想以上の読者がついたことによるのだろう。現に、翌年にはすでにコピー版画を付した2つの海賊版『人間の営為』が出回り、1698年にはレーゲンスブルクのヴァイゲルが、21枚の版画を新たに加えて、ライケン父子と共同でドイツ語版を出している。[17] ヴァイゲルは、さらに『人の営み』の図版43点をアーブラハム・ア・サンタ・クラーラ牧師のテキストを添えて『誰もに何かが』（1699年）に収めて出版してもいる。[18] さらに1704年にはヤン・カスパル父子の承認のもとに、アムステルダムでオリジナル版が2回にわたり再版されている。[19] 上々の売れ行きであったことは間違いなさそうだ。
　カスパルは、ヴァイゲルのニュルンベルク移住に同行し、1699-1704年まで同市に住まいを構えて彫版師として働いたが、1705年、病を得て帰郷し、その3年後に妻を遺して早世した。一方、父のヤンは息子に後れること7年、1712年に63歳で没している。しかし、二人の死後も『人の営み』の人気は依然として衰えず、18世紀だけでも1718年、1730年、1749年、1767年と版を重ね続けた。[20]

4. ライケン以前に描かれた働く人々

◆図が集めた人気

　ライケンの『人の営み』は、では、なぜかくも人気を集めたのか。ライケンは19世紀まで、母親が子供たちに好んで読み聞かせる詩人の一人であった。キリスト教的教訓色の濃厚なライケンの詩は、扱われた労働という主題と合わせ、都市化の進んだ市民社会のあるべきモラルを教え諭すにはうってつけの内容だったのであろう。しかし、『人の営み』についていえば、その人気の原因を必ずしも彼の書いた言葉だけに求めるわけにはいかない。初版の翌年、1695年に出た海賊版『人間の営為』は、別人の書いたまったく教化性のない詩をつけて売りに出されて

いる。それは、人々の関心を呼んでいたのが、必ずしも解題ではなく、図の持つ面白さでもあったことを物語っていよう。

とはいえ、ライケンの『人の営み』は職人たちを描いた最初の試みではない。彼に至るまでに、さまざまな先例があり、ライケンはその系譜のなかで版画の構想を練ったはずである。そこで、次には、働く人々がヨーロッパでどのように描かれてきたかを概観し、それらとの比較からライケン本の特性を浮かび上がらせてみることにしよう。

◆メカニカル・アーツへの関心

職人たちの携わるメカニカル・アーツは、学者や芸術家の携わるリベラル・アーツと異なり、古典時代や初期中世の時代の百科全書では言及の対象になっていない。人間社会を支える神の秩序では、最上層に宗教者、次に王侯貴族、そしてその下に技に携わる職人その他を位置づけていたが、最後の第三階層は取り上げるに足らぬものと見なされていたからである。

そうした状況が徐々に変化し始めるのはようやく12世紀頃のことである。その証左の一つはサン・ヴィクトールのフーゴの著作『学習論』中に見出すことができる。フーゴは、リベラル・アーツに加えて、織物、鍛冶、商業、農業、狩猟、医療、娯楽業を七つのメカニカル・アーツとして挙げ、その一つ一つを読者となるべき学生たちのために説明している。続いて13世紀にはボーヴェのヴィンケンティウスが、さまざまな欠如から身体を解放してくれるものとして肯定的に七つのメカニカル・アーツを取り上げた。その「七つ」とは、織物、建築、航海・漁業、農業、狩猟、医療、娯楽業であり、フーゴの挙げたものとほぼ重なる。こうした変化は、都市の重要性が増し、商工業が発達したことと無縁ではない。宗教界は、世俗の技の必要性が高まるなかで、世界秩序の見直しをする必要に迫られたのである。[21] そしてその変化は、時禱書など宗教関係の写本や『鉱山書』(デ・レ・メタリカ)(1556年)といった技術書に挿絵として描かれた職人たち（参図36-a など）、シャルトルのステンドグラスを飾る商人や職人たち（13世紀、挿図13）、フィレンツェのサンタ・マリア・デル・フィオーレの鐘楼を飾るレリーフ上の職人たち（14世紀、参図28-b）の登場を促してもゆくのである。

挿図13.《両替商》13世紀、シャルトル大聖堂のステンドグラス

◆教科書的性格の絵入り本

　ライケン本における図と教化的テキストとの組み合わせに注目した場合には、16世紀頃から次々に刊行されるようになる絵入り本が殊のほか重要である。言葉だけでは説明し尽くせない現象や関係を明示するのに視覚的手段ほど効果的なものはない。そこで、学校教育の普及とともにまずは教科書的意味合いの絵入り本の需要が高まってゆく。ヴェサリウスの『人体解剖図』（1542年）などにはそうした利用価値が間違いなくあったはずだ。さらに、大航海時代に扱う対象を一挙に広げた地理学や民族学や世界誌など、未知の世界を記録し、紹介する分野でも、絵入り本は絶大なる効力を発揮した。オルテリウスの『世界劇場』（1570年）はその好例である。こうした本に掲載された図のなかには、技を用いて働く人々・職人たちが数多くその姿をとどめている。本書でもたびたび図版を借用したコメニウスの『世界図絵』（1658年）、ディドロの『百科全書』（1751年より刊行）はそれぞれその17世紀版、18世紀版である（参図38-b、15-b など）。

◆『メンデル・ハウスの本』とアマンの『職人づくし』

　しかし、ライケン本との関連で注目すべきものといえば、一図に一職人を収めたニュルンベルクの職人素描集『メンデル・ハウスの本』（15世紀）、そして職人の工房の様子を克明に描写したヨースト・アマンの『職人づくし』（1568年）をおいてほかにないだろう。ニュルンベルクのメンデル家は14世紀末に養老院を設立し、そこに収容された職人たちの姿を素描に描きとめさせた。それらを集めたのが『メンデル・ハウスの本』で、340点の素描が現存する（挿図14）。一方、その1世紀後に刊行された『職人づくし』は、アマンの彫った木版画114点と、そのそれぞれにハンス・ザックスが添えた詩とからなる詩画集である。取り上げられているのは職人ばかりではない。職業による人間の階層づけという、かつての考え方を反映し、初めに宗教界、次いで王侯貴族、そして職人、守銭奴、道化にいたるまでの第三階層の人々を順番に配列している。ただし、伝統的なのはそこまでで、ザックスの詩は、高位の者たちを揶揄し、職人たちを称える元気のいい内容となっている。アマンの版画も新鮮である。工房や道具

挿図14. ニュルンベルクの画家
《指し物師》1444年頃、
『メンデル・ハウスの本』より

や働く職人の細かい描写は、アマンが実際に職人たちの工房を歩いて、観察したであろうことを確信させるほど、生き生きとしている（参図2-bなど）。英語のリプリント版に序文を寄せているリフキンがアマン本を職人図の伝統の分岐点と呼んでいるのは、そうした記録性に注目してのことであろう。[22] 幾つかの図版のモティーフはライケンに通ずるところがあり、ライケンがドイツで刊行されたこの詩画集を参考にした可能性を想わずにはいられない。

　アマンの影響下で刊行された職人づくしとして、20点のストラダヌス原画の銅版画シリーズ（1590年頃、参図61-cなど）、18点のヤン・ヨーリス・ファン・フリート原画の版画シリーズ（1635年、参図4-aなど）、65点のブラーメルの素描シリーズ（1650年代、参図2-aなど）にも言及しないわけにはいかない。いずれも職人の働く姿あるいはその工房を個性的な様式で描いた作品ばかりだが、アマンと比べ、写実の度合いは確実に上がってきている。本書の各職業に付したコメント部分でもこれら三つの職人図集から幾つかの図版を紹介したが、制作されたのが17世紀のオランダであるだけに、ライケンが何らかの形で耳にしていた、目にしていた作例と考えていいだろう。ブラーメル作品は一点ものの素描であり、広く流布することはなかったであろうが、制作の背後に特定の注文が推測できる作品であり、職人図に対する個人レヴェルでの関心の高まりを証していることになろう。

◆絵画の先例

　オランダの場合、こうした版画の伝統のほかに、絵画に描かれた職人たちも豊富な先例となったはずだ。この国は17世紀に他のヨーロッパ諸国に先駆けて市民社会を形成するが、その政治的な変化は、やがて、新しい社会の中核を担う人々の暮らしを写しとった市民的絵画ジャンル、つまり風景画、風俗画、静物画の隆盛を促していった。とりわけ家庭や仕事場や町に暮らす同時代の人々を主題として取り上げることの多い風俗画は（挿図15）、尽きない興味を掻き立ててくれる。例えば窓辺の大きな机の上に脚を交差させて座り、縫い物に余念のないブレケレンカムの描く仕立て屋（参図2-

挿図15．メッツー《鍛冶屋》1655-60年

c)。ライケンの描く仕立て屋を彷彿とさせてやまないではないか。風俗画に描かれたさまざまな家具や道具や食料や衣服にしたところで、職人の存在をその背後に強烈に感じさせるという意味では、職人の姿なき職人図と呼べる（参図9-c）。しかもこれらの風俗画には、従来の版画などにはない描写の質の高さがある。ライケンはこうした自国の絵画の豊かな遺産からも存分に学び、『人の営み』に取り組んだことであろう。

　ただし、絵画が取り上げる職種はさほどヴァラエティーに富んでいない。当時の人々の日常を描いたとされる風俗画ではあるが、取り上げられるのはもっぱら仕立屋、靴屋、鍛冶屋、パン屋、画家、学者などであり、膠職人や皮なめし工や帽子職人などの姿が描かれることはほとんどない。17世紀オランダ風俗画は日常の世界を映していると言われるが、職人図像の伝統に照らしてみると、それがあくまで「選択的な」日常であり、画家の特定の意図や絵画それ自体の伝統の枠内での日常の描写であることが、はからずも明白になってくる。われわれが今日言うところの写実とは異なることに注意しておきたい。

5.　ライケンの下絵素描

◆ライケンの職種の選択

　では、ライケンは、こうした職人図像の伝統を踏まえて、どのような手順で『人の営み』を編んでいったのであろうか。

　ライケンが版画を彫る前に100枚の下絵をあらかじめ用意していたことは、図柄がほぼ一致する番号つきの素描が伝わるところから明らかである（挿図16-23、28、29）。しかし、いかにしてそれら100の職種に至りついたのか、明確な選択の基準を指摘するのは難しい。確かなのは、ライケンが、衣食住という人間生活の根本にかかわる職種、つまり「パン屋」、「仕立て屋」、「大工」をno.1、2、3として冒頭に配列したこと、次にメカニカル・アーツ、リベラル・アーツと並べてゆき、最後に農・漁・狩・商・軍といった今も昔もかわらぬ人の営みをまとめ、no.100は死に関わる墓掘人で締めくくるという大まかな構想は立てていたらしいということだけだ。やがて来たるべき死を思い、日々の仕事に励むべしという勧めがこの配列から読み取れる。

　このほか、織物業の盛んな水の国オランダならではの職種──織物関連業（no.13-15）、「スケート靴職人」、「帆げた職人」、「ビルジ用ポンプ職人」、「船大工」、「帆布職人」（no.34-39）、「漂白工」、「泥炭掘り」（no.68、74）──に特別の配慮をしたであろうことも推測できる。100種のうちの5分の1を占めるこれらの職種は、

挿図16. ヤン・ライケン《靴職人》素描、1694年以前

挿図17. ヤン・ライケン《靴職人》素描、1694年以前

いずれもアマンの『職人づくし』にはなかった職種である。

◆解題と素描制作

　解題の詩の内容と素描の細部とは、相互に直接の関連を持たない。例えばno.64の「学校教師」の場合、図では、生徒と彼らを個別的に指導する教師の様子が描かれているが、詩文では読み書きの能力が神の教えに通ずるといった、一般的な教育の宗教的効用が強調されるばかりである。通読して明らかなのは、ほとんどの場合、詩文は、技を操る者が扱う物や素材から想起される宗教的関連をうたうもので、遂行される作業の具体的細部から必ずしも想を得ているわけではないということだ。詩文と素描のどちらが先行して制作されたかは不明だが、どちらも他方の仕事にさほど影響されることなく個別に進行可能だったと見てよかろう。

　ただし、「靴職人」（no.19）は例外である。「靴職人」には、版画化された素描（挿図16）のほかに、もう一枚の素描ヴァージョンが伝わる。靴を膝の上で縫っているところを描いたもので、靴職人図としては最もよくある構図である（挿図17）。ライケンは、おそらく、最初はこのヴァージョンを使うつもりで制作したが、「肝心なのは靴ではない、それにより歩む道だ」という解題の内容にふさわしい構図を、と考え、結局、靴を選ぶ客の姿に焦点を合わせた素描をあらためて描いたのではないだろうか。[23]

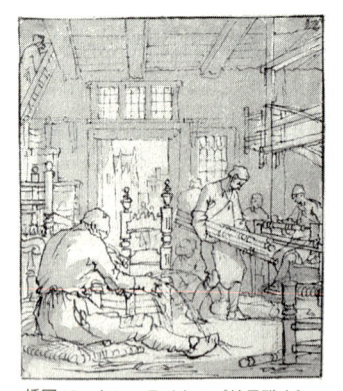

挿図18. ヤン・ライケン《椅子職人》
素描、1694年以前

挿図19. ヤン・ライケン《金細工師》
素描、1694年以前

挿図20. ヤン・ライケン《針職人》
素描、1694年以前

挿図21. ヤン・ライケン《かつら職人》
素描、1694年以前

挿図22. ヤン・ライケン《時計職人》
素描、1694年以前

挿図23. ヤン・ライケン《ランタン職人》
素描、1694年以前

◆素描の様式的特徴

　ともあれ、現存する100点余の下絵素描は、どれも、きわめて写実的な細部に富んでいる。例えば「椅子職人」（no.12）の敷物に座って足を広げ、座部を編む職人、そしてろくろ木工で支柱や脚部をつくる右奥の職人（挿図18）。いずれも実際に工房を見たことがなければ、なかなかに描けない細部である。no.79の「金細工師」では、机の下のふいごや泥炭の桶は、誰にでも炉で火をおこすためとわかるが、足元に落ちた金を踏みつけないために床に敷かれたスノコ、窓際の水を入れた明かり取り用のガラス球となると、単なる想像ではなかなか思い至らないプロの仕事道具であろう（挿図19）。自分にもなじみの「画家」、「銅版画家」、「印刷師」、「銅版画印刷師」、「製本職人」といった職種はともかくとして、その他の職種を取り上げるにあたっては、彼がそれぞれの工房を自分の足で訪ね歩いていたことは明らかである。

　ライケンは職人の工房の内外の様子をペンの線の肥痩やインクの濃淡を巧みに使いわけ、紙の上に定着させてゆく。たいていはやや薄めの線で形を整え、それらを最終段階でやや太目の濃い線で強調するという手順を踏んでいる。「針職人」の槌を振り上げる腕が描き直されているのを除けば（挿図20）、目立った修整はほとんど見られない。筆致は軽快で、比較的癖がなく、それでいて効果的である。例えば職人の顔などは、目元、口元にほんの小さな点を加えただけで、我を忘れて手先に集中する表情になっている。様式の一貫性からして、ほとんどの素描がライケンにより描かれたと見てほぼ間違いなかろう。[24]

　職人たちは、共同で仕事を進めていることもあれば、客と応対している場合もある。工房内が描かれるときには、部屋の枠組みを決めるため、定規も用いたようだ。その結果、室内空間は透視法的に首尾一貫したつくりになっている。戸外で作業を進める職人を描いた場合には、行き交う人や運河や家並みに大小の木々の繁り、動きのある雲を加え、気持のよい生活観を演出している（挿図21）。ちなみに、素描には、陰影の効果を出すため、灰色系の水彩絵の具で色が適当に加えられているが、この淡い彩色は後世の手によるものと考えられている。

　それぞれの職人が工房を構えたであろう地域の特性ももちろん無視していない。「染色師」や「羊毛洗い」（no.18、15）の工房は運河のそばに、「かつら職人」や「時計職人」（no.57、65）の工房は、おそらく富裕な購買者との関係を考えて、高級住宅街の一隅に配置されている（挿図21、22）。「ランタン職人」（no.30）では、背景にランタンが最も必要とされた運河沿いの街並みを垣間見せている（挿図23）。運河の多いオランダでは、街灯は、運河と道の境界を浮かび上がらせ、市民を夜間の水の事故から守るのに重要な役割を担っていた。見落としがちな細部だが、

そうしたさりげない配慮が、同時代の人々に情景の現実性を強く感じさせたであろうことが想像される。

　様式、工房の様子、職人の作業、さらには周囲の環境を含め、ライケンの素描は当時の職人の現実の忠実な記録といえそうだ。

6．装われた写実

◆オランダの働く女性

　しかし、だからといって、ライケンの描く情景がすべての面において17世紀の技をあやつる人々の置かれた状況をそのまま映し出しているというわけではない。写実といえども、それはあくまで写実の装いなのであり、微妙な取捨選択の手が加えられているのである。ライケンは、意識するとしないとにかかわらず、自らの世界観に沿って情景に手を加えている。その点では、素描といえども、先に触れた同時代の絵画の写実のあり方と軌を一にしているといっていいだろう。[25]

　例えば職人の工房に占める女性労働の度合いに注目してみよう。ライケンの描いた働く女性のうち、男性と同じように仕事に積極的なかかわりをもっているのは、「仕立て屋」(no.2)、「ピン職人」(no.23)、「油屋」(no.41) くらいのもので、あとは「箒職人」(no.9)、「篩職人」(no.11)、「より糸製造職人」(no.13)、「織り物師」(no.16)、「肉屋」(no.43)、「外科医」(no.56)、「金箔師」(no.77)、「ダイヤモンド細工師」(no.80) に手伝い程度に小さく姿を見せるにすぎない。

　しかし、オランダでは早くから女性が男の仕事の世界に積極的に参加し、ときに男に勝る力を発揮していたと言われている。例えばグイッチャルディーニは16世紀半ばに「オランダの女性は‥‥物を売り買いする商売にも携わり、口八丁手八丁で元来が男がすべき仕事に熱心に取り組む‥‥だからホラント州やゼーラント州の至るところで亭主は妻に仕事を任せている」と書いている。[26] 17世紀の終わりにオランダを旅行したイギリス人も、オランダでは「一般に店屋や取り引きの場面では男より女の方を多く見かける。彼女たちこそが財布を握り、商売を差配している……彼女たちは注意深く勤勉で、商売の才があり、必要な教育も受けている」と書き、グイッチャルディーニの目撃したことが例外でなかったことを裏付けている。[27]

　当時の女性特有の仕事といえば、助産婦、乳母、古着屋、織物関連業、泥炭運び、洗濯婦などが挙げられるが、上に挙げた証言は、男性主体の仕事の補助役としてばかりでなく、ときにそれをかなりの部分にわたって肩代わりしていた女性

がいたことを想像させる。事実、絵画の分野では、店先で雑貨や砂糖などの商品を商う女性、市場で魚や野菜を売る女性を描いた例が少なくない。なかでもエマニュエル・デ・ウィッテ、ヘーラルト・ダウ、フランス・ファン・ミーリスらによって描かれた作品は数多い（挿図24）。1765年にアムステルダムで臭気の漂う運河の清掃が問題になったときには、3300人もの女性掃除婦が署名した意見書が提出されている。[28]

少なくとも記録や絵画からは、女性が家事労働ばかりでなく、社会と直接つながる仕事にも進出していたことは明らかである。もちろん、ここで見た限りの彼女たちの仕

挿図24．ダウ《雑貨屋の店先》1647年

事は熟練を要する職種ではない。しかし、ライケンの『人の営み』には技を必要とする職種ばかりが選ばれているわけではない。さらに、1581年の記録によれば、レイデン市の労働人口の30％は女性だった。[29] だとすれば、ライケンは、たとえ補助的な役割であったとしても、女性に3割ほどの出番を割り当ててもよかったということにならないか。ライケンの本は必ずしも17世紀オランダの労働事情を正確に反映するものではないのである。

◆17世紀オランダの望ましい女性像

では、どのようなバイアスがかかり、ライケンは女性の姿を彼の本から締め出すことになったのか。17世紀のオランダでは、女性の美徳は家事労働の場面で発揮されるもの、という暗黙の社会的了承が働いていた。若い女性は両親の言葉を従順に受け入れ、針仕事を通じて勤勉さを身につけ、純潔を守り、良い夫を選ぶよう奨められた。結婚した女性は、夫に従順に仕え、召使いを上手に差配し、家庭の中を清潔に保ち、男女それぞれの子供を性差を考慮して躾けることを期待された。[30]

そうした考え方は、当時人気を博した詩人ヤーコプ・カッツの手になるエンブレマータ『結婚…』のなかに見事なまでに結晶している。「選べよ、乙女、遊びより錘を。古（いにしえ）のことを考えても見よ、富裕な乙女は紡ぎ、母は織った。最高の位の王女は汚れなき羊毛をつんだ。ソロモンの言う貴き乙女を思え。彼女は紡ぐことを大いに歓んだ。家族に錘を回させ、家のために尽くし、夫に仕えた……」。[31]

挿図25．J．カンネウェット刊行の大衆版画、18世紀、アムステルダム

　男女の子供の成長を描いた当時の版画を見ても、男子が手に職をつけるべく訓練を受けているときに、女子はお裁縫の習得に余念がない（挿図25）。
　ライケンは、もちろん、アマンやブラーメルなどの伝統に則って、あるいはキリスト教的教訓を伝えやすいように、職種を選び、モティーフを配置し、描写しているが、一方では、当時の社会に流布していた性差にしたがった労働観をも、意識してか無意識かは別として、視覚化しているのである。

◆働く人々の実態

　もう一つ、ライケンの『人の営み』の図で額面どおり受け取ってはならない点がある。ライケンの描く人々は、誰もがみな勤勉に、健康に働いているように見える。きちんと整頓が行き届いた工房、親方の話に熱心に耳を傾ける若い徒弟。しかも、たいていの工房は複数の徒弟を抱え、なかなかに繁盛しているようだ。戸外に働く人々も当面の仕事に没頭し、意に満たぬ仕事を不承不承しているという気配はない。働く者には勤労のエートスが積極的に作用しているような印象を受ける。しかし、当時の働く者の実態に照らして、一体、その印象はどれほど正しいのだろうか。
　1700年に出版されたある本には、職業病に苦しむ人々の姿が浮き彫りにされている。眼鏡屋は6ヶ月以上連続して働くことができない、仕事を続けるのは40歳が限界だ、と書かれている。ガラス吹き工は目がかすみ、肺を病み、咳がとまらず、痩せこけてしまう。色ガラス工は、呼吸困難になり、時間の経過とともに口や食道や肺気道がただれて、肺結核を患うことになる。帽子職人に至っては、製造過程で使用する化学薬品で脳が冒されることもあった。[32]
　労働時間も過酷なものだった。比較的条件のよかった船大工でも一日12時間から14時間、織物業に働く職人は、夏は明るくなる4時か5時に仕事を始め、日が落ちる夜の9時まで、つまり16から17時間ほど働いた。日の短い冬は労働時間が夏

より数時間短くなるが、それが必ずしも歓迎されなかったことは、ホーフトの詩、「何という慰め、あくせく働く者にとっては、一日の働く時間が僅かでも長くなる」に明らかだ。日が長くなり、働く時間が長くなれば、それだけ労賃が上がるというのである。[33]

それだけ働いて得られるのは、最も多い部類に属する船大工や織物業の職人で一日40スタイフェルほど、安い方の漂白工、ガラス吹き工で10-12スタイフェルほどであった。夫婦子供2人で一日に12ポンドのパンを消費すると仮定すると、17世紀を通じてそのパン代はおよそ8スタイフェル。つまり、職人のなかにはほとんど食べるので精いっぱいという状態の者も少なくなかったということになる。ちなみに20スタイフェルは1ギルダー、年収レヴェルでは単純労働者が300ギルダー以下、成功した商人、富裕な市民で1000ギルダーほどであった。[34] 17世紀オランダは女性労働の目立つ社会だったと先に書いたが、一家総出で働かざるを得ない状況も一方にあったということだ。

もちろん、親方職人としてギルドに加入し、工房を営む者は年に500-600ギルダーほどの収入に恵まれたが、17世紀オランダでは、手に職をつけたとしても、独立の親方になるまでの資金や技に恵まれず、下働きを生業とする職人の方が圧倒的に多かった。当時は労働組合のような組織はなかったが、下働きの職人たちは、同職組合を組織し、病気になったときの互助資金、自分が死んだときに遺族が受け取る未亡人年金などの積み立てをし、共同で窮状をしのごうとしていた。また、設備を整えるためのまとまった資金を必要とする織物関連業では、いち早く資本主義的性格が強まり、それとともに、下働きの職人たちが抗議行動を通じて労働条件の改善や賃上げを要求するといった場面も稀ではなかったようだ。記録の上では、絨毯工、けば取り工、織り物師、染色師の職場放棄が最も多く確認できる。[35] 一方、ギルドに組織されない針、ピン、篩などをつくる職種の場合は、零細な工房を家族全員で維持するのがやっとで、[36] その収入は下働きの職人とほとんど変わらない程度だった。

◆理念としての『人の営み』

当時の労働事情をこうして概観すると、働く者が置かれていた環境がいかに過酷なものであったかが判明する。親方職人はともかくとして、多くの下働きの職人は疲労と貧困に喘ぎながら日々を過ごしていたのである。ライケンの描く人物たちは、いずれも職業人としての自負と自信にあふれて見える。工房もすがすがしく、晴れやかな様子だ。ライケンは人の営みの背後に、苦役よりも神の恩寵を見ていた。だからこそそうした表現になったのであろうが、それは、彼が描く人

の営みが必ずしも当時の労働の姿を忠実に反映したものでないことをも意味しているのである。

7. 素描から版画へ

◆父子の分担

　素描がほぼすべて父ヤン・ライケンの制作であろうことはすでに述べたが、それらを版画化するにあたっては、初版の扉絵の下にヤンとともに名の挙がっている息子カスパル・ライケンが手を貸している。カスパルは、ヴァイゲルの『職人づくし』（1698年）のドイツ語版に掲載された版画の制作に携わっているが、少なくとも87点はライケンの『人の営み』とほぼ同じ図柄の版画を用いている。[37] ところが、ヴァイゲル版の方の版画は、似て非なるもの、という言葉がまさにピッタリというほどに質が低い（挿図26）。とすれば、カスパルの彫版の腕前は父のヤンよりも劣っていた、したがって『人の営み』のうち質の落ちる版画はカスパルが彫版したもの、ということになろう。本書の「はじめに」で、ファン・エーヘンによる父子の彫版分担状況を紹介したが、彼女の判断の基準もその辺にあるようである。

　ヤンの版画の明暗や陰影には無限のニュアンスがある。線の強・弱のリズム、直・曲の組み合わせ、濃・淡の変化を巧みに使い分け、エッチングの持つ可能性をとことん利用し尽くしているからである。その結果、ハッチング（陰影線）には驚くほどのヴァラエティーが生まれている。また原画素描の作者だからこそできる細部の新たな描き込み、大胆なモティーフの省略もヤンの版画を識別する際の目印となる。これに対し、カスパルの線は単調な上に切れ込みが深いため、明暗や陰影がかえって不明確になったり、極端になったり、平板になったりする傾向がある。素描を文字どおりに写しとっているのもカスパルの彫版した版画に特有の特徴である。

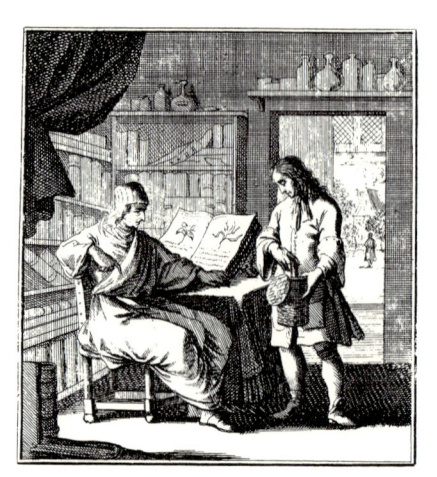

挿図26. カスパル・ライケン《医者》
　　　（ヴァイゲル『職人づくし』1698年）

◆父ヤンの版画

　例えば「扉絵」（13頁）の版画を見て

ほしい。右側の下の隅には絵が立てかけられ、そこには時の寓意像が右手に大鎌、左手に砂時計をもって空中を翔ける様が描かれている。それは原画となる素描（挿図27）にはなかった細部である。版画の下部に、俗事に心を奪われようと、賢く分別を働かせれば神の御心により、この世の営みも心の糧となるという趣旨の銘文が書き込まれているところからもわかるように、(38)版画の右下に描かれたヴァニタスを意味する時の寓意像は、この扉絵にとって必須のモティーフである。素描にはないそうした細部を補うことができるのは、図の狙いを心得た者、つまり素描を制作した本人だけであり、したがって彫版者はヤン以外に考えられない。実際、中央の女性の周囲に配された人物、

挿図27．ライケン『人の営み』の扉絵用素描、1694年以前

その周囲、背景に配されたモティーフは、さまざまに方向を変えたり、密度を変えたり、クロスさせたりしたハッチングの線の効果で、その数のおびただしさにもかかわらず、どれも明確に自己を主張し、それでいて全体の構図のなかに見事に溶け込んでいる。

　同様のことは「時計職人」（no.65）にも言える。素描の時計職人（挿図22）の机の上には幾つかの道具が省略的に描かれているに過ぎない。彫版したのが原画の作者ヤンであるからこそ、版画化に際して、それらの時計師ならではの特殊な道具の細部を補って描けたのである。時計師の手元を照らす明るい光、部屋の豊かな奥行きといい、戸外にひろがる高級住宅街のたたずまいといい、作者の腕の高さが痛感される。

◆息子カスパルの版画

　これとは対照的なのが、カスパルの彫版した「織り物師」（no.16）である。文字どおり原画の素描（挿図28）を引き写したもので、付加された細部は一つもない。陰影を示唆するハッチングも生硬で変化に乏しく、そのため、おもしろみのない室内空間となっている。そもそも原画からして単純である。父は、どちらかといえば版画化のしやすいそうした作品の版画化を息子に任せたのであろう。

挿図28. ヤン・ライケン《織り物師》素描、
　　　　1694年以前

挿図29. ヤン・ライケン《雑穀屋》素描、
　　　　1694年以前

　父と子の版画家としての技量の違いを知るには、「貨幣師」（no.76）と「真珠細工師」（no.81）あたりを比べてみると、よりはっきりするかもしれない。明から暗への変化は、片やヤンの手掛けた貨幣師では空間の展開にあわせて複雑で、見た目に楽しみが多いが、片やカスパルの手掛けた真珠細工師では拍子抜けするほどあっさりしている。ハッチング、明暗も単純なら、人物の表情や動作も集中度や力を欠いている。

　二人の合作のケースとしては「雑穀屋」（no.50）を挙げておこう。素描（挿図29）と見比べてみてると、後景が大きく変更されていることにすぐに気付く。素描では室内が上下二層になっていて、馬の曳くひき臼の構造が必ずしも明確ではなかった。版画では部屋の上階をなくし、その代わりに馬の回す大きな歯車が描かれ、雑穀屋の仕事の様子がより明確になってきている。おそらくこの変更部分は、技法の点からしても、父ヤンの担当である。一方、前景の人物は、表情に乏しく、しかも原画をそのまま引き写した感がある。この部分は息子カスパルの手と見てほぼ間違いないだろう。

　一般に、父子が彫版を合作する場合には、前景の大きな人物を息子が、背景の町並みや添景人物を腕のいい父が手掛けることが多かったようだ。[39] 働く人々の姿もさることながら、彼らを取り巻く雰囲気や環境が『人の営み』にとっていかに重視されていたかの証しである。おそらくそのあたりへの細やかな配慮が、一様な線で描かれたアマンの『職人づくし』の木版画にはないライケン父子の版画の魅力となっているに違いない。

結　語

　ヤン・ライケンが構想、執筆し、下絵素描の制作とその版画化を手掛けた『人の営み』は、息子カスパルが彫版の一部を手伝い、1694年、アムステルダムで刊行された。それがどれほどの人気を呼んだかは、数度にわたり版を重ねたこと、海賊版が一度ならず出たこと、一部の版画が他の著者の編んだ著書に利用されたことなどから明らかである。遠く日本へと海を渡ることになったのも、そうした人気の本だったからかもしれない。

　この推測には理由がある。オランダの東インド会社が本国向けの輸出専用磁器を日本や中国でつくらせていたことは周知のところだが、そうした輸出品のなかに、『人の営み』の図版の一つ、「船乗り」をあしらったものがあるからだ（挿図30）。この磁器は日本製ではなく中国製だが、オランダ人が人気の高い『人の営み』を携えてきて、中国の陶工にこの図柄を施すよう指示したと考えられる。製作年代は1745年頃とされている。[40]

　中国までやってきた本がやがて日本にも将来される――あり得ないことではない。とはいえ、オランダ当局があえて禁書に類する本を持ち込む危険を冒したとは思えない。むしろオランダ船に乗り組んだ船員、出島の商館員の私的携行品だったとするべきところだろう。中国と異なりキリスト教を禁じていた日本へ宗教書を携えてくることはできなかったにしても、一見してキリスト教的意図が露見しない『人の営み』なら、正式輸入品目でない限り、問題はなかったであろう。解題は、キリスト教を知っていればこそ宗教的教訓となるが、そうでなければ、一般的な教訓と「誤解」される書き方になっている。左頁に聖書の引用のない版なら、なおさらである。しかも図版は、祖国の人々の生き生きと働く姿や町の様子を描いた、宗教的にはさしさわりのないものばかりである。長らく海上を旅するオランダ人たちが安んじて頁をめくり、密かに神に思いを致すのにこれほど恰好の書はなかったであろう。

　おそらく江漢は、そんなふうに個人的に携行された一書をたまたま目にし、解題の真の狙いを知らぬまま手に入れ、16点の模写を制作することになったのではないか。必ずしも無理な推測ではない。なぜなら、江漢は、

挿図30．茶器3点、1745年頃、中国製

この書を入手したと推測される天明5年（1785）前後に江戸参府中のオランダ人貢使一行を長崎屋に訪ねているからである。[41] 天明3年（1783）に銅版画を日本で初めて完成したと自慢する江漢が、銅版画満載の『人の営み』を見逃すはずはない。描かれた図も、西洋事情に深い関心を寄せる彼を満足させてあまりあったはずだ。

皮肉なことに、この書を江漢に手渡したであろう18世紀のオランダ人にとって、17世紀末に編まれた『人の営み』は、祖国をしのばせる書であると同時に、すでに失われてしまった世界を髣髴とさせる過去の書でもあった。厳密に言えば、1694年に初版を刊行した著者のライケンにしてその思いは強かったであろう。17世紀末は、かつての繁栄が影を潜め、オランダが世界経済の表舞台から徐々に姿を消してゆく時期にあたっている。おりしも、手仕事が働く者の誇りや生きる支えとなる時代がそろそろ終わりを告げ、機械化し、断片化した労働が人間を徐々に疎外し始めていた。

オランダの国教であるカルヴァン派の教えでは、元来、世俗の世界の中で禁欲的に働くことは神の意志にかなうことであった。ライケンの解題もそれに共通する教えにあふれている。しかし、一方で、ギルドはかつての宗教的性格を失い、職能集団としての性格を強めつつあった。第6章でも述べたように、ギルドに入るに至らぬ職人たちは、労働環境や賃金の改善、労働時間の短縮を求めて職場放棄や罷業を組織することもあった。ときには親方職人と下職人が共に機械化に抗議するといった事態さえ起こっていた。[42] 産業革命の時代は確実に近づきつつあったのである。

その迫り来る足音を聞きながら、ライケンは、今一度、働くことの意味を問い直し、それにより、失われつつある労働と生との全人的なかかわりを回復しようと試みたのではなかったか。彼の描くユートピア的な職人たちの姿からは、彼らの呻吟や不満の声は聞こえてこない。一心に手元を見つめ、仕事に励む職人たち。それを描き出す清潔で率直な線。光や大気を捉える版画の繊細きわまる優しい線。そこから漂ってくるのは、モットーと解題が説ききかせるキリスト教的教訓もさることながら、それを超えた勤労のエートスとでも呼べるようなものである。労働を通じて普遍に連なり得た時代を懐古するライケンの喪失の思い――『人の営み』が近年、いろいろな形で取り上げられるようになったのは、その思いが今を生きるわれわれの思いとどこか重なるところがあるからではないだろうか。[43]

（筆者付記：文中で言及した著者名については、すべて敬称を省略させていただいた。）

注　記

◆ 職業解説の行頭ゴシック数字は項目番号、（ ）付数字は注番号を示す。
◆ 略称で言及した文献については、参考文献一覧（p.251）を参照されたい。

はじめに
(1) 18世紀の重版については、本書後付け論文 p.228と注(20)を参照されたい。今世紀に入っての初版リプリントの一つは、1984年に Leonard de Vries の監修でアムステルダムとブリュッセルから出ている（Luiken 1694-1-reprint 1984）。海賊版もリプリント初版に拠っているとの触れ込みで幾つか出ている。しかし、どのリプリントも、図版部分をよく見ると、実際には初版を底本にしているわけではない。
(2) 1704年には版が二つ出ている。一つは町田市立国際版画美術館に所蔵される第三版で、初版の形を保っているが、もう一つの第四版では、文字部分が活字化され、左頁に聖書の引用が入っているほか、序文、後書き、索引がついている。18世紀の後の版はこの形式を引き継いでゆく。
(3) ファン・エーヘンのライケン関連寄贈コレクションは Klaversma & Hannema 1999 に目録化されている。なお、同書のpp.357-358, 363-365には『人の営み』関連の所蔵情報が掲載されている。
(4) Van Eeghen & Vanderkellen 1905; New York 1995, p.20
(5) 菅野 1974, p.51
(6) アマン 1568=1970

扉　絵
(1) Luiken 1694-2
(2) Ripa 1644-reprint 1971, pp.621-622
(3) 第二版では銘文も「賢明なる分別は教える、人の営みを/心に照らして行え、と。体よりも魂を/心から恐れよ、と。節度と義に従いて/仕事をなせ、と。それこそは正しき天の道行き」と、変更されている。
(4) ライケンの銘文は 'Een Goed Eynde Kroont het Werk'、ホンディウスの銘文は 'T' EYNDE CROONT HET WERK' となっている。どちらもラテン語の成句 'Finis coronat opus'、つまり「終わりよければ、すべてよし」をオランダ語に翻訳した文章である。

職業解説
1. （1）平凡社事典 1984, 12巻, p.191　（2）Hall 1974, pp.188-190　（3）阿部 1978, pp.111-124　（4）Washington 1996, pp.124-125
2. （1）平凡社事典 1984, 12巻, p.336　（2）阿部 1993, pp.100-102　（3）New York 1995, pp.30, 32　（4）鹿島 1999, pp.84-85　（5）Cunnington 1967, p.113
3. （1）シンガー 1978, 3巻, p.181　（2）Basing 1990, p.67；シンガー 1978, 4巻, p.347　（3）同前, p.357
4. （1）ハーヴェー 1986, 1巻, pp.121-124　（2）Basing 1990, p.72　（3）平凡社事典 1984, 15巻, p.979；New York 1995, p.36

5. （1）シンガー 1978, 3巻, p.24 （2）平凡社事典 1984, 14巻, p.126 （3）ハーヴェー 1986, 2巻, pp.195-196 （4）アマン 1970,《ガラス師》より
6. （1）ロレンツ 1998, p.67 （2）同前, p.68 （3）平凡社事典 1984, 11巻, p.162
7. （1）シンガー 1978, 3巻, pp.192-193 （2）ディドロ 1751=1985, p.402 （3）New York 1995, p.40
8. （1）遠藤 1991, 2巻, p.124 （2）Schama 1987, pp.375-378; 小林 1999, pp.152-155 （3）New York 1995, pp.43-44 （4） Visscher 1614-reprint 1949, p.107
9. （1）De Jongh 2000, pp.198-204 （2）Schama 1987, pp.375-97; De Jongh 2000, pp.194-214, 282-283
10. （1）平凡社事典 1984, 3巻, pp.202-203 （2）New York 1995, p.47 （3）遠藤 1991, 4巻, p.85
11. （1）プリニウス 1986, II巻, p.778 （2）神奈川 1972, pp.168-169
12. （1）New York 1995, p.50 （2）ディドロ 1751= 1985, p.389 （3）平凡社事典 1984, 1巻, p.929
13. （1）平凡社事典 1984, 8巻, p.668 （2）シンガー 1978, 3巻, pp.156-157 （3）New York 1995, p.52
14. （1）シンガー 1978, 3巻, p.157-158 （2）New York 1995, p.55 （3）同前, p.54 （4）世界科学者事典 1987, p.88-89
15. （1）New York 1995, pp.56-57 （2）阿部 1978, pp.18-19 （3）Stone-Ferrier 1980, pp.83-117
16. （1）シンガー 1978, 3巻, pp.167-169 （2）New York 1995, pp.58-59 （3）Brown 1984, p.92 （4）シンガー 1978, 5巻, p.139; 菊池 1976, p.106
17. （1）New York 1995, pp.60-61 （2）シンガー 1978, 5巻, pp.142-143
18. （1）プリニウス 1986, III巻, p.1416他 （2）科学史技術史事典 1983, p.572 （3）シンガー 1978, 3巻, p.287
19. （1）プリニウス 1986, III巻, p.1425 （2）平凡社事典 1984, 4巻, p.780 （3）Kaftal 1985, cols.213-225 （4）Adhemar 1968, pp.14-15
20. （1）日本大百科全書 1995, 7巻, pp.406-407 （2）Amsterdam 1976, pp.197-198
21. （1）シンガー 1978, 5巻, pp.188-189 （2）Gibbs 1989, p.83 （3）白山 1990, p.17 （4）同前, pp.88-91
22. （1）Americana 1991, vol.20, p.57 （2）宋應星 1981, p.209 （3）例えばBartsch-28 1985, p.79 （4）Franits 1993, pp.47-50
23. （1）科学史技術史事典 1983, p.837 （2）Britannica 1994, vol.9, p.446 （3）New York 1995, p.71
24. （1）科学史技術史事典 1983, p.284 （2）プリニウス 1986, I巻, p.384 （3）New York 1995, p.72
25. （1）シンガー 1978, 5巻, p.32 （2）新潮世界美術辞典 1985, p.1274 （3）アマン 1568=1970,《真鍮細工師》に添えられたザックスの詩 （4）Britannica 1994, vol.2, p.480 （5）New York 1995, p.74
26. （1）Britannica, 1994, vol.9, p.349 （2）ハーヴェー 1986, 1巻, p.200 （3）New York 1995, p.74
27. （1）遠藤 1991, 3巻, p.131 （2）日本大百科全書 1995, 18巻, p.588 （3）New York 1995, p.77 （4）Visscher 1614-reprint 1949, no.39 （5）小林 1998, pp.211- 219
28. （1）ハーヴェー 1986, 2巻, pp.212-214
29. （1）シンガー 1978, 1巻, p.481-483 （2）同前, 3巻, p.44 （3）New York 1988, pp.81-82
30. （1）Zumthor 1994, pp.19-21;ロレンツ 1998, pp.89-90 （2）Leiden 1988, pp.109-111, cat.no.14
31. （1）阿部 1993, p.135 （2）Hall 1974, p.276, 184
32. （1）阿部 1993, pp.133-142 （2）New York 1995, pp.87-88 （3）ディドロ 1751=1985,pp.477-479
33. （1）シンガー 1978, 5巻, pp.287-292 （2）New York 1995, pp.89-90
34. （1）New York 1995, pp.91-92 （2）平凡社事典 1984, 5巻, p.11 （3）Amsterdam 1997, p.49
35. （1）New York 1995, pp.93-94 （2）同前, p.93.
36. （1）New York 1995, p.95 （2）ボルスト 1998, 2巻, p.49;ウィトルウィウス 1979, p.282 （3）Agricola 1556-reprint 1950, p.177
37. （1）シンガー 1978, 2巻, p.601 （2）同前, 6巻, pp.410-417 （3）New York 1995, pp.96-98 （4）Unger 1991, p.84 （5）De Jongh 1967, pp.50-52

注 記　247

38. （1）ボルスト 1998, 2巻, p.34　（2）New York 1995, pp.99-100
39. （1）シンガー 1978, 2巻, pp.600-601; 同前, 6巻, pp.611-615　（2）New York 1995, pp.101-102
40. （1）シンガー 1978, 5巻, pp.103-108; ディドロ 1751=1985, pp.356-357　（2）Washington1996, pp.163-165; Visscher 1614-reprint 1949, I, no.33
41. （1）シンガー 1978, 3巻, pp.98-99　（2）フリース 1984, p.19　（3）Hall 1974, p.202
42. （1）シンガー 1978, 1巻, pp.180-181　（2）ディドロ 1751=1985, p.831; 遠藤 1991, 3巻, p.68　（3）ロレンツ 1998, p.100; New York 1995, pp.107-109
43. （1）ボルスト 1998, 2巻, p.34　（2）Amsterdam 1976, pp.116-119, cat.no.24
44. （1）New York 1995, pp.112　（2）New York 1995, pp.112-113　（3）Washington 1996, pp.241-244, note.1;Visscher 1614-reprint 1949, II, no.34
45. （1）シンガー 1978, 3巻, p.293; De Vries & Van der Woude 1997, pp.326-329　（2）Washington 2000,pp.134-135　（3）Schama 1987, p.165
46. （1）ベックマン 2000, 2巻, pp.231 - 252　（2）Brown 1984, pp.43-48
47. （1）Pliny 1957, vol.1, pp.151 - 165, 377 - 397　（2）ズイレン 1999, p.37　（3）New York, 1995, p.119
48. （1）シンガー 1978, 3巻, pp.84 - 89; ウィトルウィウス 1979, pp.278 -279　（2）Lambert 1999, pp.47 - 48　（3）シンガー 1978, 4巻, pp.545 - 549
49. （1）シンガー 1978, 3巻, pp.113 - 114　（2）New York 1995, p.125
50. （1）New York 1995, p.128　（2）Crinelli 1997, pp.156 - 157　（3）Bartsch-17 1981, p.101
51. （1）シンガー 1978, 4巻, p.485　（2）New York 1995, p.130-131　（3）シンガー 1978, 4巻, p.488
52. （1）シンガー 1978, 4巻, p.491　（2）同前, p.475
53. （1）例えばno.6の鉛管工, no.79の金細工師　（2）no.28の鍛冶屋, no.78の銀細工師　（3）シンガー 1978, 4巻, p.662
54. （1）シンガー 1978, 3巻, pp.184-185　（2）同前, 4巻, pp.561-562　（3）Diderot & d'Alenbert 1751-reprint 1985, p.405
55. （1）Remnant 1977, p.15　（2）New York 1995, p.139　（3）New York 1995, p.137
56. （1）平田 1985, p.129　（2）コメニウス 1658=1995, p.176　（3）ロレンツ 1998, pp.140-142, 149-154　（4）平田 1985, p.20
57. （1）平凡社事典 CD-Rom 2000, 鬘の項　（2）New York 1995, p.143
58. （1）平凡社事典 CD-Rom 2000, 帽子の項　（2）New York 1995, p.144-145　（3）平凡社事典 CD-Rom 2000, かぶりものの項
59. （1）平凡社事典 CD-Rom 2000, なめし革の項　（2）New York 1995, p.146　（3）シンガー 1978, 3巻, p.117
60. （1）シンガー 1978, 3巻, pp.150-152　（2）平凡社事典 CD-Rom 2000, 紙の項　（3）New York 1995, p.149
61. （1）平田 1985, 上, p.171　（2）New York 1995, pp.150-151
62. （1）Amsterdam 1997, p.16-21　（2）New York 1995, p.152　（3）同前, p.150
63. （1）New York 1995, p.147　（2）小林 1999, p.167　（3）Deursen 1992, p.158
64. （1）Basing 1990, p.108　（2）小林 1999, p.161　（3）Deursen 1992, pp.140-141
65. （1）ハーヴェー 1986, pp.204-205　（2）London 1999, pp.133, 153　（3）no.79の金細工師の図を参照のこと　（4）London 1999, p.154; 菊池 1988, p.599
66. （1）シンガー 1978, 5巻, pp.34-35, 194-195　（2）New York 1995, p.161
67. （1）本書no.5解説参照　（2）シンガー 1978, 3巻, pp.244-271; 4巻, pp.169-197　（3）Amsterdam 1991, pp.156-173　（4）Boekhorst 1992, p.133　（5）遠藤 1991, p.61
68. （1）De Vries 1976, p.93　（2）ロレンツ 1998, p.190　（3）New York 1995, pp.166-167　（4）Stone-Ferrier 1980, p.126　（5）小林 1999, pp.152-154

69. (1) 阿部 1993, pp.110-112 (2) ハーヴェー 1986, pp.70-71 (3) New York 1995, p.168 (4) 同前
70. (1) 阿部 1993, pp.129-130 (2) Gossens 1996, pp.27-64 (3) Scholten 1993, pp.197-214
71. (1) 平凡社事典 CD-Rom 2000, 煉瓦の項 (2) 同前, タイルの項 (3) De Jonge 1971, p.14
72. (1) 平凡社事典 CD-Rom 2000, 陶磁器の項 (2) Montias 1982, p.297 (3) New York 1995, p.174
73. (1) New York 1995, p.177
74. (1) 東京 1992, pp28-29 (2) Royalton-Kisch 1988, p.254 (3) New York 1991, p.13 (4) New York 1995, p.178
75. (1) New York 1995, p.181 (2) Schwartz 1984, pp.332-333
76. (1) Huiskamp 1994, p.70 (2) 同前, p.61 (3) 小林 1998, p.32
77. (1) Thornton 1978, p.119 (2) 遠藤 1991, 1巻, p.67 (3) 同前; アマン 1568=1970,《金箔師》に添えられたザックスの詩
78. (1) Grisebach 1974, pp.124-125 (2) 遠藤 1991, 1巻, p.65
79. (1) ハーヴェー 1986, 2巻, p.202 (2) アマン 1568=1970,《金細工師》に添えられたザックスの詩
80. (1) プリニウス 1986, III巻, p.1510 (2) アマン 1568=1970,《宝石師》に添えられたザックスの詩 (3) New York 1995, p.189
81. (1) 平凡社事典 CD-Rom 2000, 真珠の項 (2) Wagner 1987, 図版81の解説 (3) アマン 1568=1970,《宝石師》に添えられたザックスの詩 (4) プリニウス 1986, I巻, p.415 (5) De Jongh 1975-76, pp.69-97
82. (1) 新潮世界美術辞典 1983, p.994 (2) Amsterdam 1993, pp.477-487 (3) 小林 1999, pp.161-164
83. (1) Ydema 1991, p.7 (2) Bruge 1987, p.20 (3) Delft 1981, pp.202-203 (4) New York 1995, p.195
84. (1) Amsterdam 1997, pp.247-252 (2) 小林 1998, p.57
85. (1) New York 1995, p.201 (2) 成瀬 1995, 本文編, pp.109-114
86. (1) Delft 1981, pp.214-227 (2) Gossens 1996
87. (1) New York 1995, p.206 (2) Hague 1994, p.72
88. (1) Amsterdam 1976, p.84 (2) Deursen 1992, pp.185-239; 小林 1998, pp.209-211
89. (1) 鹿島 1999, p.21 (2) アマン 1568=1970,《代言人》に添えられたザックスの詩 (3) New York 1995, p.211
90. (1) シンガー 1978, 4巻, pp.632-633 (2) Brown 1984, p.100 (3) New York 1995, p.214
91. (1) 平田 1985, p.34 (2) New York 1995, p.215 (3) コメニウス 1658=1995, p.286
92. (1) Deursen & Setten 1995, pp.138-146 (2) Delft 1996, pp.70-73
93. (1) アマン 1568=1970,《農夫》に添えられたザックスの詩 (2) Zumphor 1963, pp.311-312
94. (1) Deursen & Setten 1995, p.96 (2) New York 1995, p.224
95. (1) New York 1995, p.227; Haak 1984, pp.162-164 (2) モーア 1994, pp.131-132, 333-334
96. (1) 東京 1994, p.105 (2) De Jongh 2000, pp.21-58
97. (1) Haak 1984, pp.164-165 (2) Huiskamp 1994, pp.19-21
98. (1) New York 1995, p.233 (2) Schama 1987, p.92 (3) Berlin 1984, p.202
99. (1) Schama 1987, p.65
100. (1) 東京 1994, p.110 (2) New York 1991, p.78 (3) New York 1995, p.238

論文：ヤン・ライケン著『人の営み』(1694年) と17世紀オランダの働く人々
(1) 模写を通じて舶載が確認できる絵、書物のなかで美術史的に興味深いものに、ほかにファン・ローイエンの《花鳥図》(1725)、ヘーラルト・デ・ライレッセの『大絵画本』(1707年初版) などがある。前者については石川大浪、谷文晁による模写が伝わる。後者の挿絵の幾つかは佐竹曙山により模写されている。
(2) 以下のライケン図と江漢との関係は、Okano 1973; 菅野 1974; 成瀬 1995に詳しい。なお、成瀬

注　記　249

は菅野と相前後してライケン図と江漢作品との関係を指摘しているが、ここでは成瀬の江漢研究の集大成とも言える1995年の近著だけを挙げておく。また、菅野1972では、ヴァイゲルとアーブラハム・ア・サンタ・クラーラの共著『誰もに何かが』（初版1699年）に掲出された図版との関連が指摘されたが、図版の向きが江漢とは反対であるところから、菅野1974でその説は撤回され、新たにライケンの『人の営み』との関連が提起された。本書の「はじめに」でも触れたように、江戸時代の日本に舶載されたことが確認でき、しかも松浦史料博物館に現物（1759年版第2巻）が伝わる『誰もに何かが』は、ライケンの『人の営み』中の図版43点を彫り直して利用している。43点のうち、ライケン図と比べて逆版になっているのは30点、向きが同じものは13点ある。

(3) ライケン図と江漢作品の対応は以下のとおり（江漢作品番号は成瀬1995による）；扉絵 = no.117；籠職人 (no.10) = no.271 A、no.271 B；白目細工師 (no.26) = no.167；帆布職人 (no.39) = no.133；桶職人 (no.40) = no.101、no.192；蠟燭職人 (no.42) = no.237；皮なめし工 (no.59) = no.92；石工 (no.70) = no.233；泥炭掘り (no.74) = no.175；船乗り (no.94) = no.72、no.111、no.117、no.173；漁師 (no.95) = no.275。

(4) 辻蘭室に関しては菅野1974, p.51を参照した。

(5) 成瀬は江漢が『人の営み』を入手した時期を天明5年（1785）頃と推測している。成瀬1995, 作品篇, p.105を参照されたい。

(6) 朝倉治彦他編集『司馬江漢全集』第二巻, 八坂書房, p.90を参照されたい。写しとられた蘭文は「het Stof Slik end, en is Den Swizt niet weard」、訳は「人一生涯衣食住の為に求め得る処の諸器諸家具、己に得んとて利を争いて求め得る処の物は皆塵なり、土や泥にてありき」となっている。ライケンの詩の正確なところは「Het Stof, en Slijk der Aard, En is den Twist niet waard」、訳については本書 p. 204を参照されたい。

(7) Luiken 1694-1-reprint 1984（頁なし）より引用。

(8) エディ・デ・ヨングの一連の論文を収めたDe Jongh 2000を参照されたい。

(9) アムステルダム国立歴史博物館所蔵本 LA 474。Klaversma & Hannema 1999, p.357, no.988。なお、この本の最初の見開きにはライケンの手書きで「Annetie van Vliet」という書き込みがある。この人物は当時、ライケン家でお手伝いをしていた女性である。おそらくライケンがみずからこの女性に件の一冊を進呈したのであろう。またこの本の次の見開きには3頁にわたりこれまた手書きの前書き、そして「墓掘り」(no.100) の後にも手書きの後書きと索引が見られる。いずれもライケン自身の書き込みと考えられる。

(10) 大阪 2000, pp.11-21

(11) 例えばアルパース1995。詳細に関しては小林1998, pp.166-168を参照されたい。

(12) 小林1998, pp.209-211, 217-219を参照されたい。

(13) 各職人とその技が生くとし生けるものの源・神の業を反映している、というライケンの詩を貫く考え方にはヤーコプ・ベーメの考え方が影響しているとの指摘もある。New York 1995, pp.253-255を参照されたい。

(14) 以下のライケンの生涯、引用した詩作品については、すべてLuiken 1694-1-reprint 1984（頁なし）及びVan 't Veld 2000, pp.33-72に拠っている。

(15) Houbraken 1753-reprint 1976, III, p.254

(16) 扉絵の注（3）を参照されたい。

(17) Schevenhuysen 1695 ; De Winter 1695 ; Weigel 1698-reprint 1987

(18) 『誰もに何かが』は、その後、1711、1717、1719、1759年と、オランダ語版を含め版を重ねている。本書「はじめに」と本稿の注（2）も参照されたい。

（19）1704年の第三版は第二版と同じ物。序文、左頁の聖書の引用、後書き、索引が加えられた第四版では、文字は標題、モットー、解題も含めすべて活字にかわっている。第三版の後、図版部分のみが切り離され第四版がつくられたのであろう。
（20）18世紀の重版に関しては Klaversma & Hannema 1999, pp.357-358, 363-365 を参照されたい。
（21）Aman 1568-reprint 1973, p.xv
（22）同上, p.xxxix
（23）版画化されなかった素描ヴァージョンは、このほか楽器職人（no.55）、煉瓦工（no.71）、支配者（no.99）にもある。楽器職人の場合は未完成である。おそらく制作途中でライケンはその構図を放棄し、版画に使われた別ヴァージョンに取り掛かったのだろう。
（24）素描のうち、染色師（no.18）と画家（no.84）はいささかの様式の違いを見せるが、その違いがカスパルの手によるものか否かは不明。初版本の扉絵の下には、著者としてヤン・ライケンと息子カスパルの名が挙がっているが、後述するように、カスパルの名は版画の一部を担当したために挙がっていると推測される。
（25）近年、オランダ絵画研究の領域では、絵に見られる写実的外観が実際の情景といかにズレているか、その差異と逸脱を考慮しながら、作品のメッセージを読み解こうとする論者が出てきている。
（26）Deursen & Setten 1995, p.248
（27）同上, p.249
（28）Levie & Zautkuyl 1980, p.77
（29）Deursen 1992, p.19
（30）Franits 1993, pp.18-160 ; 小林 1999, pp.161-170
（31）Franits 1993, p71 より引用。
（32）Boekhorst 1992, p.133
（33）Deursen 1992, pp.14-17
（34）同上 ; The Hague 1996, p.94
（35）Boekhorst 1992, pp.134-139
（36）Levie & Zautkuyl 1980, p.46
（37）Weigel 1698-reprint 1987
（38）本書 pp.13-14 を参照されたい。
（39）ファン・エーヘンによるヤン、カスパル父子の彫版分担については、本書の pp.7-8 のほか、巻末の図版一覧に明示した。各版画の様式の違いを検討した結果、本稿の筆者は、ファン・エーヘンとは異なり、煉瓦積み工（no.4）はカスパルではなくヤンが、煉瓦工（no.71）は父子共作ではなくヤン一人が、秤職人（no.27）、印刷師（no.61）、画家（no.84）はヤン単独ではなくヤンとカスパルの二人が手掛けたものと考えるに至った。
（40）この磁器について情報と写真を提供してくれたのは本書の編集者 三宅郁子である。ここに記して謝意としたい。挿図30も三宅が撮影した。
（41）入手の時期については成瀬 1995, 作品篇, p.105 を、オランダ人貢使一行訪問については成瀬 1995, 本文篇, pp.395-399 を参照されたい。
（42）Boekhorst 1992, p.140
（43）本書でも幾度となく引用した New York 1995 はその代表的な例。

参考文献一覧

◆以下に列挙したのは、本書を編むにあたり参考にした主たる著書・論文である。
◆最初に和文文献（翻訳を含む）を著者の五十音順で、次に欧文文献を著者のアルファベット順で挙げた。展覧会図録については項目の前に（展）と入れ、開催地で分類した。事典類は書名で分類した。
◆本書の注で言及する際は、各項目の頭に掲げた著者名（あるいは展覧会開催地名、書名）と刊行年からなる略称を用いた。
◆古書の復刻版の略称については、原書初版年を挙げた上でreprintと入れ、復刻の年号を加えた（Visscher 1614 - reprint 1949など）。原書の形が必ずしも維持されずに復刻されている編者の略称については、原書初版年と編者の年号を＝で結んで示した（アマン1568 ＝ 1970など）。

＜和文＞
朝倉 1992　朝倉治彦他編『司馬江漢全集』全4巻、八坂書房、1992-94年
阿部 1978　阿部謹也『中世を旅する人びと』、平凡社、1978年
阿部 1993　阿部謹也『中世の窓から』（朝日選書）、朝日新聞社、1993年
アマン 1568 ＝ 1970　ヨースト・アマン『西洋職人づくし』（双書 美術の泉）、小野忠重解説、岩崎美術社、1970年（原書初版は1568年）
アルパース 1995　スヴェトラーナ・アルパース『描写の芸術－17世紀のオランダ絵画』、幸福輝訳、ありな書房、1995年
ウィトルウィウス 1979　『ウィトルウィウス　建築書』、森田慶一訳註、東海大学出版会、1979年
遠藤 1991　遠藤元男『ヴィジュアル史料　日本職人史』全4巻、雄山閣出版、1991年
大阪 2000　（展）『フェルメールとその時代』、A.K.ウィーロック監修、大阪市立美術館、2000年
科学史技術史事典 1983　伊東俊太郎他編『科学史技術史事典』、弘文堂、1983年
鹿島 1999　鹿島茂『職業別パリ風俗』、白水社、1999年
神奈川 1972　（展）『ペーテル・ブリューゲル（父）版画展』、神奈川県立近代美術館、1972年
菊池 1976　菊池俊彦編著『図解　科学と技術の歴史』、文眞堂、1976年
神戸 1993　（展）『栄光のオランダ絵画と日本展』、神戸市立博物館他、1993年
神戸 1996　（展）『司馬江漢百科事展』、神戸市立博物館他、1996年
小林 1998　小林頼子『フェルメール論－神話解体の試み』、八坂書房、1998年
小林 1999　小林頼子『フェルメールの世界－17世紀オランダ風俗画家の軌跡』（NHKブックス）、日本放送出版協会、1999年
コメニウス 1658 ＝ 1995　J.A.コメニウス『世界図絵』（平凡社ライブラリー）、井ノ口淳三訳、平凡社、1995年（原書初版1658年）
白山 1990　白山晰也『眼鏡の社会史』、ダイヤモンド社、1990年
シンガー 1978　チャールズ・シンガー他編『技術の歴史』全10巻、筑摩書房、1978年
新潮世界美術辞典 1985　秋山光和他編『新潮世界美術辞典』、新潮社、1985年
ズイレン 1999　ガブリエーレ・ヴァン・ズイレン『ヨーロッパ庭園物語』（「知の再発見」双書）、小林章夫監修、渡辺由訳、創元社、1999年
菅野 1972　菅野陽「司馬江漢の洋風画と蘭書」、有坂隆道編『日本洋学史の研究II』、創元社、1972年、pp.103-136

菅野 1974　菅野陽『「職人ブック」、ルイケン、江漢』、有坂隆道編『日本洋学史の研究Ⅲ』、創元社、1974年、pp.51-70
世界科学者事典 1987　D.アボット編『世界科学者事典6　技術者』、坂本賢三監訳、原書房、1987年
宋應星 1981　宋應星撰『天工開物』(東洋文庫)、薮内清訳注、平凡社、1981年
ディドロ 1751＝1985　ジャック・プルースト監修・解説『フランス百科全書絵引』、平凡社、1985年(ディドロ『百科全書』の図版集。原書初版 1751年より刊行)
東京 1992　(展)『17世紀オランダ風景画展』、東京ステーションギャラリー、東京他、1992年
東京 1994　(展)『17世紀オランダ肖像画展』、東京ステーションギャラリー、東京他、1994年
成瀬 1995　成瀬不二雄『司馬江漢　生涯と画業』全2巻、八坂書房、1995年
日本大百科全書 1995　『日本大百科全書』全25巻、小学館、1984-89年
ハーヴェー 1986　ジョン・ハーヴェー『中世の職人』全2巻、原書房、1986年
平田 1985　平田寛『図説科学・技術の歴史―ピラミッドから進化論まで』全2巻、朝倉書店、1985年
フリース 1984　アト・ド・フリース『イメージ・シンボル事典』、山下圭一郎他訳、大修館書店、1984年
プリニウス 1986　プリニウス『プリニウスの博物誌』全3巻、中野定雄他訳、雄山閣、1986年(原書初版　77年完成)
平凡社事典 1984　『世界大百科事典』全35巻、平凡社、1984-年
平凡社事典 CD-Rom 2000　『CD-Rom版世界百科事典』、日立デジタル平凡社、2000年
ベックマン 2000　ヨハン・ベックマン『西洋事物起原』全4巻、特許庁内技術史研究会訳、岩波文庫、2000年
ボルスト 1998　オットー・ボルスト『中世ヨーロッパ生活誌』全2巻、永野藤夫他訳、白水社、1998年
モーア 1994　G.ハインツ＝モーア『西洋シンボル事典』、野村太郎他訳、八坂書房、1994年
ロレンツ 1998　ポール・ロレンツ監修、F.クライン＝ルブール『パリ職業づくし―中世から近代までの庶民生活誌』(新装版)、北澤真木訳、論創社、1998年

<欧文>

Adhemar 1968　J. Adhemar, *Imagerie Populaire Francaise*, Milan, 1968
Agricola 1556-reprint 1950　Reprint of Georgius Agricola, *De Re Metallica*, 1556 (red.by H. C. Hoover & L. H. Hoover, New York, 1950)
Aman 1568-reprint 1973　Reprint of Jost Amman & Hans Sachs, *The Book of Trades (Staendenbuch)*, 1568 (ed.by Benjamin A.Rifkin, Toronto, 1973)
Americana 1991　*The Encyclopedia Americana*, Internatioal Edition, 30vols, Danbury, 1991
Amsterdam 1976　(展) ed.by Eddy de Jongh, *Tot lering en vermaak. Betekenissen van Hollandse genrevoorstellingen uit de zeventiende eeuw*, Rijksmuseum, Amsterdam, 1976
Amsterdam 1991　(展) ed.by Margriet de Roever, *Amsterdam: Venetie van het Noorden*, Gemeentearchief Amsterdam, 1991
Amsterdam 1993　(展) ed.by R. Baarsen et al., *Dawn of the Golden Age: Northern Netherlandish Art 1580-1620*, Rijksmuseum, Amsterdam, 1993
Amsterdam 1997　(展) ed.by Eddy de Jongh & Ger Lijten, *Mirror of Everyday Life. Genreprints in the Netherlands 1550-1700*, Rijksmuseum, Amsterdam, 1997
Bartsch-17 1981　R. A. Koch (ed.) *The Illustrated Bartsch 17, Early German Masters*, New York, 1981
Bartsch-28 1981　S. Boorsch and J. Spike (ed.) *The Illustrated Bartsch 28, Italian Masters of the Sixteenth Century*, New York, 1985.
Basing 1990　Patricia Basing, *Trades and Crafts in Medieval Manuscripts*, New York, 1990
Berlin 1984　(展) ed. by P.C. Sutton et al., *Von Frans Hals bis Vermeer,* Gemäldegalerie Museen

Preussischer Kulturbesitz Berlin, Berlin, 1984

Boekhorst 1992　　ed. by Peter te Boekhorst et al., *Cultuur en Maatschappij in Nederland 1500-1850. Een historisch-antropologosch perspectief*, Heerlen, 1992

Britannica 1994　　*The New Encyclopaedia Britannica*, 15th ed. 32vols, Chicago, 1994.

Brown 1984　　Christopher Brown, *Scenes of Everyday Life: Dutch Genre Painting of the Seventeenth Century*, London, 1984

Bruges 1987　　（展）ed.Guy Delmarcel & Erik Duverger, *Bruges et la Tapisserie*, Musée Gruuthuse et Musée Memling, Bruges, 1987

Crinelli 1997　　ed. by L. Crinelli, *Treasures from the Italian Libraries*, London, 1997

Cunnington 1967　　Phillips Cunnington & Catherine Lucas , *Occupational Costume in England from the 11th Century to 1914*, London, 1967

Delft 1981　　（展）*De stad Delft. Cultuur en maatschappij van 1572 tot 1667*, Stedelijk Museum het Princenhof, Delft, 1981

Delft 1996　　（展）ed.by D. Lokin et al., *Delft Masters*, Stedelijk Museum 'Het Prinsenhof', Delft, 1996

Deursen 1992　　A. Th.van Deurssen, *Mensen van klein vermogen*, Amsterdam, 1992

Deursen & Setten 1995　　Ed. A.Th.van Deurssen & H.M.Belien, *Gestalten van bde Gouden Eeuw*, Amsterdam, 1995

Diderot & d'Alenbert 1751-reprint 1985　　Reprint of Diderot et d'Alenbert, *L'encyclopedie*, 1751 (ed.by Jacques Proust,Paris, 1985)

Van Eegehen & Van der Kellen 1905　　P.van Eeghen & J.Ph.van Kellen, *Het werk van Jan en Casper Luiken*, Amsterdam, 1905

Franits 1993　　W.Franits, *Paragon of Virtue*, Cambridge, 1993

Gibbs 1989　　R. Gibbs, *Tomaso da Modena: Painting in Emilia and the March of Treviso, 1340-80*, New York et al., 1989

Gossens 1996　　Eymert-Jan Gossens, *Schat van Beitel en Penseel. Het Ansterdamse Stadhuis uit de Gouden Eeuw*, Zwolle, 1996

Grisebach 1974　　Lucius Grisebach, *Willem Kalf*, Berlin, 1974

Haak 1984　　Bob Haak, *Hollandse schilders in de Gouden Eeuw*, Meulenhoff/Landshoff, 1984

Hague 1994　　（展）ed by E.Bujsen et al., *Music & Painting in the Golden Age*, Hoogsteder & Hoogsteder, 's Gravenhage, 1994

Hague 1996　　（展）ed.by D.Haks & M.C.van der Sman, *De Hollandse samenleving in de tijd van Vermeer*, Haags Historisch Museum, 1996

Hall 1974　　James Hall, *Dictionary of Subjects and Symbols in Art*, London, 1974

Houbraken 1753-reprint 1976　　Reprint of A.Houbraken, *De groote schouburgh der Nederlantsche konstschilders en schilderessen*, 3vols., Amsterdam, 1753 (pub.by B.M.Israel BV)

Huiskamp 1994　　Marloes Huiskamp & Cor de Graaf, *Gewogen of Bedrogen. Het wegen van geld in de Nederlanden*, Leiden, 1994

De Jonge 1971　　Catharine Henriette de Jonge, *Dutch Tiles*, New York, 1971

De Jongh 1967　　E. de Jongh, *Zinne- en Minnebeelden in de schilderkunst van de zeventiende eeuw*, Amsterdam, 1967

De Jongh 1975-76　　E.de Jongh, 'Pearls of Virtue and Pearls of Vice', in *Simiolus* 8 (1975-76), pp.79-97

De Jongh 2000　　E. de Jongh, *Question of Meaning: Theme and Motif in Dutch Seventeenth-Century Painting*, Leiden, 2000

Kaftal 1985　　G. Kaftal, *Iconography of the Saints in the Painting of North West Italy*, Firenze, 1985

Klaversma & Hannema 1999 N. Klaversma & K.Hannema, *Jan en Casper Luyken te boek gesteld. Catalogus van de boekcollectie Van Eeghen in het Amsterdams Historisch Museum*, Hilversum, 1999

Leiden 1988 (展) ed.by E. J. Sluijter et al., *Leidse Fijnschilders. Van Gerrit Dou tot Frans van Mieris de Jonge 1630-1760*, Stedelijk Museum De Lakenhal, Leiden, 1988

Levie & Zantkuyl 1980 T.Levie & H.Zantkuyl, *Wonen in Amsterdam in de 17de en 18de eeuw*, Amsterdams Historisch Museum, 2000

London 1999 (展) ed.by K.Lippincott, *The Story of Time*, National Maritime Museum, London, 1999

Luiken 1694-1 Jan Luiken, *Het Menselyk Bedryf*, Amsterdam, 1694

Luiken 1694-1-reprint 1984 Reprint of Jan Luiken, *Het Menselyk Bedryf*, Amsterdam, 1694 (ed. by L.de Vries, 1984)

Luiken 1694-2 Jan Luiken, *Spiegel van 't Menselyk Bedryf*, Amsterdam, 1694

Montias 1982 John M.Montias, *Artists and Artisans in Delft. A Socio-Economic Study of the Seventeenth Century*, Princeton, 1982

New York 1991 (展) ed. by Donna R.Barnes, *Street Scenes: Leonard Bramer's Drawings of 17th-Century Dutch Daily Life*, Hofstra University, New York, 1991

New York 1995 (展) ed.by Donna R. Barnes, *The Butcher, The Baker, The Candlestick Maker : Jan Luyken's Mirrors of 17th-Century Dutch Daily Life*, Hofstra Museum, Hofstra University, New York, 1995

Okano 1973 Keiichi Okano, 'Kokan, Luyken's und Abraham a Santa Clara', in *Pantheon* XXXI(1973), pp.285-291

Pliny 1957 Pliny, *Letters*, trans. by Melmoth, W., 2vols, Loeb Classical Library, Cambridge, Massachusetts, London, 1957

Remnants 1978 M.Remnants, *Musical Instruments of the West*, London, 1978

Ripa 1644-reprint 1971 C. Ripa, *Iconologia*, Amsterdam, 1644 (ed. by J. Backer, 1971)

Royalton-Kisch 1988 Martin Royalton-Kisch, *Adriaen van de Venne's Album*, London, 1988

Schama 1987 S.Schama, *The Embarassement of Riches: An Interpretation of Dutch Culture in the Golden Age*, New York, 1987

Schevenhuyzen 1695 Abbrosius Schevenhuyzen, *Menschelyke Bezigheeden*, Haarlem, 1695

Schwartz 1984 Gary Schwartz, *Rembrandt. Zijn Leven, zijn schilderijen*, Maarssen, 1984

Stone-Ferrier 1980 Linda A.Stonbe-Ferrier, *Images of Textiles: The Weave of the Seventeenth-Century Dutch Art and Society*, Michigan, 1980

Scholton 1993 Frits Scholton, 'De Nederlandse handel in Italiaans marmer in de 17de eeuw', in *Nederlandse KunsthistorischJaarboek* 44 (1993), pp.197-213

Thornton 1978 Peter Thornton, *Seventeenth-Century Interior Decoration in England, France and Holland*, New Haven et al., 1978

Unger 1991 Richard W. Unger, 'Marine Paintings and the History of Shipbuilding', in *Art in History / History in Art: Studies in Seventeenth-Century Dutch Culture*, ed. by David Freedberg & Jan de Vries, pp. 74-93

Van't Veld 2000 H.van't Veld, *Beminde broeder die ik vand op 's Werelts pelgrims wegen*, Utrecht, 2000

Visscher 1614-reprint 1949 Reprint of Roemer Visscher, *Sinnepoppen*, Amsterdam, 1614 (pub.in Den Haag, 1949)

De Vries 1976 Jan de Vries, *The Economy of Europe in an Age of Crisis*, New York, 1976

De Vries & Van der Woude 1997　Jan de Vries & Ad van der Woude, *The First Modern Economy: Success, Failure,and Perseveranceof the Dutch Economy, 1500-1815*, Cambridge University Press, 1997

Wagner 1987　ed. by M. Wagner, *Jan Luilen, Het Menselyk Bedryf*, Haarlem, 1987

Washington 1996　（展）H. Perry Chapman et al., *Jan Steen. Painter and Storyteller*, National Gallery of Art, Washington et al., 1996

Washington 2000　（展）A. K. Wheelock, A. Boersma, R. Baer, *Gerrit Dou 1613-1675, Master Painter in the Age of Rembrandt*,National Gallery, 2000

Weigel 1698-reprint 1987　Reprint of Christoph Weigel, *Abbildung und Beschreibung der Gemein-Nuetzlichen Hauptstaende*, Regensburg, 1698 (ed. By M.Bauer, Noerdlingen, 1987)

Weigel & Abraham 1699　Christoph Weigel & Abraham a Sancta Clara, *Etwas fuer Alle*, 1699

Weigel & Abraham 1711　Christoph Weigel & Abraham a Sancta Clara, *Iets voor Allen*, 1711

De Winter 1695　A.de Winter, *Menschelyke Bezigheden*, Amsterdam, 1695

Ydema 1991　Onno Ydema, *Carpets and their Datings in Netherlandisch Paintings 1540-1700*, Zutphen, 1991

Zumthor 1994　Paul Zumthor, *Daily Life in Rembrandt's Holland,* Stanford, 1994

参考図版一覧

扉　絵
  a. ハンス・フォン・アーケン、《寓意画》、1598年、油彩、銅板、56×47cm、アルテ・ピナコテク、ミュンヘン
  b. ヘンドリック・ホンディウス、《ヴァニタス静物画》、1626年、銅版画、27.7×42cm、国立美術館、アムステルダム

1. パン屋
  a. ドゥッチョ・ディ・ブオニンセーニャ、《最後の晩餐》、1311年、テンペラ、ドゥオーモ付属美術館、シエナ
  b. 《パン屋》、『スミスフィールド教令集』（イギリス、14世紀初頭）より
  c. ヨプ・ベルクヘイデ、《パン屋》、1681年頃、ウースター美術館、マサチューセッツ州

2. 仕立て屋
  a. レオナールト・ブラーメル、《古着売り》、1650年代、素描、レイデン大学版画収集室
  b. 《仕立て屋》、ヨースト・アマン『職人づくし』（フランクフルト、1568年）より
  c. クウィリング・ヘリッツゾーン・ファン・ブレケレンカム、《仕立て屋の工房》、1664年、油彩、板、49×38cm、現所蔵先不明

3. 大工
  a. 家を建てる際に大工が用いた道具の例、モクソン『機械の研究』（1703年）より
  b. 《方舟づくり》、『ベッドフォードの時禱書』（15世紀）より
  c. ロベール・カンパン、《鼠取りをつくるヨセフ》（《メロード祭壇画》右翼）部分、15世紀、油彩、板、64.5×27.3cm、メトロポリタン美術館、ニューヨーク

4. 煉瓦積み工
  a. ヤン・ヨーリス・ファン・フリート、《煉瓦積み工》、1635年、エッチング、ニューヨーク市立図書館
  b. 煙突、1520年頃、ソーンベリー教会、グロスターシャー州
  c. 《煉瓦積み工》、R. フィリップス『英国の職業および有益な技術集成』（1824年）より

5. ガラス工
  a. ランス大聖堂身廊、1241-75年、フランス
  b. 《ガラス工》、ディドロ『百科全書』（フランス、18世紀）より
  c. 《ガラス師》、ヨースト・アマン『職人づくし』（フランクフルト、1568年）より

6. 鉛管工
  a. 《鉛管人》、ディドロ『百科全書』（フランス、18世紀）より
  b. 《鉛管人》、ディドロ『百科全書』（フランス、18世紀）より

7. 指し物師
  a. 指し物師の道具の例、モクソン『機械の研究』（1703年）より
  b. オーク製の棚、16世紀後半、イギリス
  c. 《指し物師》、ヨースト・アマン『職人づくし』（フランクフルト、1568年）より

8. ブラシ職人
  a. 《ブラシ売り》、ヨースト・アマン『職人づくし』（フランクフルト、1568年）より
  b. 《刷毛師》、五升庵瓦全『職人尽発句合』（18世紀後半）より
  c. 「出自は問題ではない」、ルーメル・フィッセル『寓意人形』（1614年）より

9. 箒職人
  a. レオナールト・ブラーメル、《箒づくり》、1650年代、素描、レイデン大学版画収集室
  b. 《告解》、『巡礼者の書』（デルフト、1498年、木版画）より
  c. ヨハネス・フェルメール、《恋文》、1670年頃、油彩、キャンヴァス、44×38cm、国立美術館、アムステルダム

10. 籠職人
  a. 《ざる・籠屋の服》、ニコラ・ド・ラルメサン三世『グロテスクな服装と職業』（1695年）より
  b. 《籠づくり》、ディドロ『百科全書』（フランス、18世紀）より
  c. 《静岡の竹細工店》、『大日本物産図会』（19世紀後半）より、国文学研究資料館

11. 篩職人
  a. 《篩づくり》、ヨースト・アマン『職人づくし』（フランクフルト、1568年）より
  b. レオナールト・ブラーメル、《行商人》、1650年代、素描、レイデン大学版画収集室

c. ピーテル・ブリューゲル、《賢明》、1559‐60年、銅版画、ベルギー王立図書館
12．椅子職人
　a.《カール大帝》、1200年頃、ステンドグラス、ストラスブール大聖堂付属美術館
　b. レオナールト・ブラーメル、《椅子職人》、1650年代、素描、レイデン大学版画収集室
　c.《椅子づくり》、ディドロ『百科全書』（フランス、18世紀）より
13．より糸製造職人
　a.《亜麻の茎の準備工程》、『ウェルギリウス・ソリス』（16世紀、木版画）より、版画室、大英博物館、ロンドン
　b.《撚糸工程》、ディドロ『百科全書』（フランス、18世紀）より
14．絹糸製造職人
　a.《蚕種西漸伝説》、3-8世紀、ダンダリーン・ウィリクの遺跡出土
　b. ドメーニコ・カンパニョーラ、《絹糸の巻き取り》、16世紀、素描、デッサン室、フィレンツェ
15．羊毛洗い
　a.《羊の剪毛》、『ブリュージュの時禱書』（フランドル、15世紀後半）より、大英図書館、ロンドン
　b.《羊毛洗い》、ディドロ『百科全書』（フランス、18世紀）より
　c. ヘーラルト・テル・ボルフ、《糸を紡ぐ女》、17世紀、34.5×29.5cm、油彩、板、ボイマンス美術館、ロッテルダム
16．織り物師
　a.《織機のかたわらのオデュッセウスとキルケ》、前5世紀、壺絵、ボイオーティア地方のスキュフォス、アシュモレアン美術館、オックスフォード
　b.《織り物師》、ヨースト・アマン『職人づくし』（フランクフルト、1568年）より
　c. トーマス・ウェイク、《織り物師のいる室内》、17世紀、ナショナル・ギャラリー、ダブリン
17．けば取り工
　a.《けば取り工》、ヨースト・アマン『職人づくし』（フランクフルト、1568年）より
　b. レオナルド・ダ・ヴィンチ、《剪毛機の案》、15世紀末-16世紀初頭、『アトランティコ手稿』より、アンブロジアーナ図書館、ミラノ
　c.《剪毛工程》、ディドロ『百科全書』（フランス、18世紀）より
18．染色師
　a.《絹の漂白と染色》、『絹の技法』（写本、1458年）より、ラウレンツィアーナ図書館、フィレンツェ
　b. ミラベッロ・カヴァローリ、《羊毛加工》、1570-73年、油彩、板、116×86cm、パラッツォ・ヴェッキオ、フィレンツェ
　c.《染色師：川での絹の洗浄》、ディドロ『百科全書』（フランス、18世紀）より
19．靴職人
　a. デフェンデンテ・デ・フェッラーリ、《貧乏人を助けるクリスピヌスとクスピニアヌス》、16世紀頭、食器棚のパネル、大聖堂、トリノ
　b. クウィリング・ヘリッツゾーン・ファン・ブレケレンカム、《靴屋と糸を紡ぐ妻》、1653年、油彩、板、50.8×72.5cm、ブロド・ギャラリー、ロンドン
　c.《さまよえるユダヤ人の真実の肖像》、1770年頃、木版、手彩色、フランス国立図書館
20．櫛職人
　a.《くしひき》、土佐光信原画『七十一番職人歌合絵』（1500年頃）より
　b. トゥッサン・デュブルイユ、《貴婦人の目覚めと化粧》、1602年頃、油彩、キャンヴァス、107×96.5cm、ルーヴル美術館、パリ
　c. カスパル・ネッチェル、《子の世話をする母》、17世紀、油彩、板、44.5×38cm、国立美術館、アムステルダム
21．眼鏡職人
　a. トンマーゾ・ダ・モデナ、《枢機卿ウーゴ・ディ・プロヴェンツァ》、1352年、フレスコ、高さ150cm、旧サン・ニコロ修道院参事会室、トレヴィーゾ
　b.《眼鏡屋》、ヨースト・アマン『職人づくし』（フランクフルト、1568年）より
　c. ヤン・ステーン、《眼鏡売り》、1649-53年頃、油彩、キャンヴァス、24.6×20.3cm、ナショナル・ギャラリー、ロンドン
22．針職人
　a.《針づくり》、宋應星『天工開物』（1637年）より
　b. エネア・ヴィコ、《勤勉》、16世紀、7.5×7.5cm、メトロポリタン美術館、ニューヨーク
　c. ヤーコプ・ファン・ロー、《求愛》、17世紀、油彩、キャンヴァス、73.3×66.8cm、マウリッツハイス美術館、ハーグ

23. ピン職人
    a. 《留針つくり》、ヨースト・アマン『職人づくし』（フランクフルト、1568年）より
    b. ヨハネス・フェルメール、《レースを編む女》、1670年頃、油彩、キャンヴァス、24.5×21cm、ルーヴル美術館、パリ
    c. ジュゼッペ・マリア・ミテッリ、《リボン、レース、ピンの行商人》、1660年、28.1×19.6cm、貯蓄銀行美術コレクション、ボローニャ
24. 金線工
    a. 《金線工》、ディドロ『百科全書』（フランス、18世紀）より
    b. フランス・ハルス、《笑う士官》、1624年、油彩、キャンヴァス、86×69cm、ウォーレス・コレクション、ロンドン
25. 真鍮細工師
    a. 《真鍮鋳物工場》、ラツァルス・エルカー『鉱石と鉱山の書』（プラハ、1574年）より
    b. アストロラーヴ、16世紀末、真鍮、30.4cm、ドイツ国立博物館、ニュルンベルク
    c. ヘーラルト・テル・ボルフ、《好奇心》細部、1660年頃、油彩、キャンヴァス、73.5×60cm、メトロポリタン美術館、ニューヨーク
26. 白目細工師
    a. 《錫工》、ヨースト・アマン『職人づくし』（フランクフルト、1568年）より
    b. セバスティアン・ストスコプフ、《ザリガニとレモンのある静物》、1637-40年頃、油彩、キャンヴァス、アンドレ・マルロー美術館、ル・アーヴル
    c. ヤン・ステーン、《不摂生の結果》、1663-65年頃、油彩、板、76×106cm、ナショナル・ギャラリー、ロンドン
27. 秤職人
    a. 《天秤師》、蒔絵師源三郎画『人倫訓蒙図彙』（1690年）より
    b. 《フネフェルのパピルス》、新王国、第19王朝、前1250年頃、メンフィス出土、大英博物館、ロンドン
    c. ヨハネス・フェルメール、《天秤を持つ女》、1660年代、油彩、キャンヴァス、42.5×38cm、ナショナル・ギャラリー、ワシントン
28. 鍛冶屋
    a. ディエーゴ・ベラスケス、《ウルカヌスの鍛冶場》、1630年、油彩、キャンヴァス、223×290cm、プラド美術館、マドリッド
    b. アンドレア・ピサーノ、《トバルカイン》、1334-43年頃、浮き彫り、サンタ・マリア・デル・フィオーレ大聖堂鐘塔、フィレンツェ
    c. 《鍛冶場》、前6世紀、アッティカ地方の黒絵の壺、オルヴィエト出土
29. 銅細工師
    a. 《銅細工師》、ヨースト・アマン『職人づくし』（フランクフルト、1568年）より
    b. レオナールト・ブラーメル、《鍋を修理するよろず屋》、1650年代、素描、レイデン大学版画収集室
    c. 《銅細工の仕事場》、『荏柄天神縁起絵巻』（14世紀前半）より、前田育徳会
30. ランタン職人
    a. 《提灯職》、『新撰百工図絵』（19世紀前半）より
    b. 《提灯づくり》、ヨースト・アマン『職人づくし』（フランクフルト、1568年）より
    c. ヘーラルト・ダウ、《夜間学校》、17世紀、油彩、板、53×40.3cm、アムステルダム、国立美術館
31. 刃物職人
    a. 《鎌つくり》、ヨースト・アマン『職人づくし』（フランクフルト、1568年）より
    b. ヘーラルト・テル・ボルフ、《刃物研ぎ》、1653-55年頃、油彩、キャンヴァス、72×59cm、美術館、ベルリン
    c. 《刃物師の仕事場》、ディドロ『百科全書』（フランス、18世紀）より
32. 刀鍛冶
    a. 《刀鍛冶と大兜製造職人》、1250年頃、イギリス
    b. 《刀鍛冶》、ヨースト・アマン『職人づくし』（フランクフルト、1568年）より
    c. 《刀鍛冶の作業場》、ディドロ『百科全書』（フランス、18世紀）より
33. 鉄砲鍛冶
    a. 《鉄砲鍛冶》、ヨースト・アマン『職人づくし』（フランクフルト、1568年）より
    b. 《銃身中ぐり機械と砥石》、ディドロ『百科全書』（フランス、18世紀）より
34. スケート靴職人

a.　ヘンドリック・アーフェルカンプ、《凍った運河のある冬景色》、1620年頃、油彩、板、36.8×65cm、E. W. カーター夫妻コレクション、ロサンジェルス
　　b.　ピーテル・ブリューゲル、《アントウェルペンのシント・ヘオルヒウス門付近でスケートをする人々》部分、1558年、素描、21.3×29.8cm、所在不明
　　c.　《ルドヴィナの転倒》、ヨハネス・ブルグマン『スヒーダムの聖女ルドヴィナ伝』(スヒーダム、1498年) より、国立美術館付属図書室、アムステルダム
35.　帆げた職人
　　a.　《貨物船》、コメニウス『世界図絵』(1658年) より
　　b.　《木材運搬人》、『パリ市長と助役の政令』(1500-01年) より、木版画、ピアポント・モーガン図書館、ニューヨーク
36.　ビルジ用ポンプ職人
　　a.　《鉱山業でのポンプおよびポンプづくり》、ゲオルギウス・アグリコラ『鉱山書』(1556年) より
37.　船大工
　　a.　《ガレー船》、コメニウス『世界図絵』(1658年) より
　　b.　ガブリエル・ペレル、《船の修理》、1603年、エッチング、17.5×25cm
　　c.　ペトルス・ギベルディ、《方舟の建造》、15世紀初期、フランス
38.　綱職人
　　a.　《綱つくり》、ヨースト・アマン『職人づくし』(フランクフルト、1568年) より
　　b.　《綱職人》、コメニウス『世界図絵』(1658年) より
　　c.　《製綱工場》、ディドロ『百科全書』(フランス、18世紀) より
39.　帆布職人
　　a.　《軍船と商船》、前500年頃、ローマ付近で出土した壺の絵、大英博物館、ロンドン
　　b.　ヤン・ヨーリス・ファン・フリート、《帆布職人》、1635年、エッチング、ニューヨーク市立図書館
　　c.　ウィレム・ファン・デ・フェルデ、《オランダ船》部分、1658年頃、油彩、キャンヴァス、66.5×77cm、マウリッツハイス美術館、ハーグ
40.　桶職人
　　a.　《桶屋》、『イタリアの時禱書』(16世紀初頭) より
　　b.　《桶屋》、ヨースト・アマン『職人づくし』(フランクフルト、1568年) より
　　c.　ヤン・ステーン、《踊る男女》、1663年、油彩、キャンヴァス、102.5×142.5cm、ナショナル・ギャラリー、ワシントン
41.　油屋
　　a.　《油屋》、ヨースト・アマン『職人づくし』(フランクフルト、1568年) より
　　b.　ヨハネス・ストラダヌス、《オリーブ油》、1590年頃、銅版画
　　c.　コルネーリス・デ・マン、《ヤン・マイエン島の鯨油工場》、1639年、油彩、キャンヴァス、108×205cm、国立美術館、アムステルダム
42.　蠟燭職人
　　a.　《蠟燭づくり》、ディドロ『百科全書』(フランス、18世紀) より
　　b.　《蠟燭師》、『絵本我妻の花』(19世紀初頭) より
　　c.　アントニオ・デ・ペレーダ、《虚栄》、1640年頃、板、油彩、139.5×174cm、美術史美術館、ウィーン
43.　肉屋
　　a.　《肉屋と肉市場》、『ブリュージュの時禱書』(15世紀後半) より
　　b.　ピーテル・アールツェン、《肉屋の店先》、1551年、油彩、板、124×169cm、ウプサラ大学美術館
　　c.　バーレント・ファブリツィウス、《梯子の豚》、1652年、油彩、キャンヴァス、101×79.5cm、ボイマンス美術館、ロッテルダム
44.　焼き菓子職人
　　a.　《菓子職人の仕事場》、ディドロ『百科全書』(フランス、18世紀) より
　　b.　『腕の良い料理人』表紙 (アムステルダム、1669年)
　　c.　エサイアス・ファン・デ・フェルデ、《田園の宴》、1615年、板、油彩、35×61cm、国立美術館、アムステルダム
45.　製糖職人
　　a.　《製糖工場の内部の様子》、ディドロ『百科全書』(フランス、18世紀) より
　　b.　ピーテル・ブリューゲル、《養蜂家》、1565年、ペンによる素描、紙、20.3×30.9cm、国立美術館版画収集室、ベルリン

    c.ヘーラルト・ダウ、《食料雑貨店》、1672年、板、油彩、48.8×35cm、英国王室コレクション、ロンドン
46. 薬剤師
    a.《薬剤師》、ヨースト・アマン『職人づくし』(フランクフルト、1568年) より
    b.《薬種屋》、蒔絵師源三郎画『人倫訓蒙図彙』(1690年) より
    c.ヘーラルト・ダウ、《にせ医者》、1652年、油彩、板、112×83cm、ボイマンス美術館、ロッテルダム
47. 庭師
    a.《修道士たちの庭仕事》、制作年代不明、フランス国立図書館、パリ
    b.《造園》、コメニウス『世界図絵』(1658年) より
    c.ニコラ・プッサン、《我に触れるな》、1653年、油彩、板、46.5×38.7cm、プラド美術館、マドリッド
48. 粉ひき
    a.《ロバひき臼》、2世紀、石棺浮き彫り、ヴァチカン美術館
    b.バッチオ・バルディーニ、《月 (惑星シリーズ)》、1460-64年頃、銅版画、32.8×22.0cm、フランス国立図書館、パリ
    c.《粉ひき》、ヨースト・アマン『職人づくし』(フランクフルト、1568年) より
49. ビール醸造職人
    a.《ビールをつくる女》、古王国、第5王朝、紀元前2350年頃、アル=キーザ、メルスアンクの墓出土、石灰岩、彩色、高さ28.0cm、エジプト博物館、カイロ
    b.《ビールづくり》、ヨースト・アマン『職人づくし』(フランクフルト、1568年) より
    c.フランス・ファン・ミーリス、《飲み屋の農夫》、1655-57年、37.9×30.1cm、市立美術館ラーケンハル、レイデン
50. 雑穀屋
    a.アドリアーン・ブラウエル、《パンケーキを焼く人》、1620年代半ば、油彩、キャンヴァス、33.7×28.3cm、フィラデルフィア美術館ジョンソン・コレクション
    b.《木星》、クリストフォロ・デ・プレディス『天球について』(15世紀) より、エステ家図書館、モデナ
    c.ダニエル・ホプファー、《穀物の貯蔵人》、1534年、20.3×27.5cm、大英博物館、ロンドン
51. 車大工
    a.アシモスの画家、《婚礼の行列》、前550年、レキュトスの壺絵、高さ17cm、メトロポリタン美術館、ニューヨーク
    b.サーロモン・ファン・ライスダール、《馬車と砂丘の道》、1631年、油彩、板、56×86.4cm、国立美術館、ブダペスト
    c.《車大工》、ヨースト・アマン『職人づくし』(フランクフルト、1568年) より
52. 鞍職人
    a.《マルクス・アウレリウス騎馬像》、161-180年頃、ブロンズ、等身大、カンピドリオの丘、ローマ
    b.ティツィアーノ、《カール五世騎馬像》、16世紀、油彩、プラド美術館、マドリード
    c.馬鞍、8世紀、革と木と鉄など、前輪の高さ22.5cm、正倉院宝物
53. ふいご職人
    a.《鍛冶屋》、コメニウス『世界図絵』(1658年) より
    b.《水力によるふいご》、ラメリ『種々の人工機械』(1588年) より
    c.ハンス・ゼーバルト・ベーハム、《惑星マーキュリーの子供たち》部分、1531年、木版画
54. ろくろ細工師
    a.コルネーリス・デ・マン、《天秤を持つ男》、17世紀、油彩、キャンヴァス、81.5×67.5cm、個人蔵、モントリオール
    b.ニュルンベルクの画家、《ろくろ細工師》、1425年頃、『メンデル・ハウスの本』より、ニュルンベルク市図書館
    c.《ろくろ細工師》、ディドロ『百科全書』(フランス、18世紀) より
55. 楽器職人
    a.《ハープを弾く男》、前3000年頃、キクラデス諸島出土、大理石、メトロポリタン美術館、ニューヨーク
    b.エヴァリスト・バスケニス、《楽器》、1650年頃、油彩、キャンヴァス、75×108cm、カッラーラ・アカデミア美術館、ベルガモ
    c.ヨハネス・フェルメール、《ヴァージナルの前に立つ女》、1670年頃、油彩、キャンヴァス、51.8×45.2cm、ナショナル・ギャラリー、ロンドン
56. 外科医
    a.《理髪屋》、コメニウス『世界図絵』(1658年) より

参考図版一覧 261

   b. レンブラント・ファン・レイン、《テュルプ博士の解剖学講義》、1632年、油彩、キャンヴァス、169.5×216.5cm、マウリッツハイス美術館、ハーグ
   c. ヘーラルト・ファン・ホントホルスト、《抜歯》、1628年、油彩、キャンヴァス、137×200cm、ルーヴル美術館、パリ
57. かつら職人
   a. アントワーヌ・コワズヴォックス、《シャルル・ルブラン》、1676年、テラコッタ、高さ66cm、ウォーレス・コレクション、ロンドン
   b. 《鬘》、ディドロ『百科全書』（フランス、18世紀）より
   c. アードリアーン・ファン・デル・ウェルフ、《エリーザベス・ディールクウェンス》、1694年、48×40cm、オランダ政府
58. 帽子職人
   a. マリーヌス・ファン・レイメルスワール、《二人の収税吏》、16世紀、油彩、板、79.5×68cm、ナショナル・ギャラリー、ロンドン
   b. レンブラント・ファン・レイン、《生地見本組合の検査官たち》、1662年、油彩、キャンヴァス、191×279cm、国立美術館、アムステルダム
   c. 《絵草子》部分、14世紀前半、紙本着色、縦30.2cm、御物、宮内庁
59. 皮なめし工
   a. 《皮なめし》、ヨースト・アマン『職人づくし』（フランクフルト、1568年）より
   b. 《皮なめし工》、ディドロ『百科全書』（フランス、18世紀）より
   c. 《皮なめし工》、『粉河寺縁起絵巻』（13世紀）より、粉河寺
60. 紙漉き職人
   a. 《福音書記者聖マタイ》、『シャルルマーニュの福音書』（800-810年頃）より、33×25.4cm、美術史美術館、ウィーン
   b. 《竹麻を簾で漉く男》、宋應星『天工開物』（1637年）より
   c. レンブラント・ファン・レイン、《病むものを癒し、幼児を祝福するキリスト》（100ギルダー版）；1649年頃、銅版画、27.7×39.5cm）のウォーターマーク
61. 印刷師
   a. グーテンベルク、《42行ラテン語聖書》、1455年
   b. 《活版師》、ヨースト・アマン『職人づくし』（フランクフルト、1568年）より
   c. ヨハネス・ストラダヌス、《印刷所》、1590年頃、銅版画
62. 銅版画印刷師
   a. 《下絵師》、ヨースト・アマン『職人づくし』（フランクフルト、1568年）より
   b. アーブラハム・ボス、《銅版画印刷師の工房》、17世紀、銅版画、25.8×32.7cm
   c. 《版画店の店先》、アーブラハム・ア・サンタ・クラーラ『誰もに何かが』（1699年）より
63. 製本職人
   a. 『リンダウの福音書』第一装丁版、800年頃、ピアポント・モーガン図書館、ニューヨーク
   b. ヤン・ダーフィッツゾーン・デ・ヘーム、《本の静物》、17世紀、油彩、板、36.1×48.5cm、マウリッツハイス美術館、ハーグ
   c. クラース・コルネーリスゾーン・ムヤールト、《レオナルト・マーリウス》、1647年、油彩、板、122.5×89cm、国立美術館カタレイネ修道院、ユトレヒト
64. 学校教師
   a. 《生徒のしつけ》、プリスキアン『文法』（フランス、14世紀初頭）より
   b. ダーフィット・テニールス（子）、《猿の学校》、17世紀、油彩、銅板、25×34cm、プラド美術館、マドリッド
   c. ヤン・ライケン、《学校に通う年長の少年たち》、17世紀、銅版画
65. 時計師
   a. 《L型日時計》、前1479-25、黒片石、エジプト博物館、ベルリン
   b. 《振り子時計の構造》、クリスティアーン・ハイヘンス『振り子時計』（パリ、1673年）より
   c. 《30時間柱時計》、1860年頃、個人蔵、フェーヴェースサム
66. 鏡職人
   a. 《香水屋》、J.リトゲイト『人生の巡礼』（イギリス、15世紀半ば）より
   b. アルドゥアン＝マンサールほか、《ヴェルサイユ宮殿、鏡の間》、17世紀
   c. 喜多川歌麿《首に白粉を塗る女》、1795-96年頃、浮世絵版画
67. ガラス吹き工

a.《ボヘミアのガラス工たち》、『ジョン・マンデヴィルの旅行記』(15世紀初頭の絵入り本) より
b. ヴェネツィア・グラス彷製、17世紀、オランダ、ウィレット＝ホルトハイゼン美術館、アムステルダム
c.《ガラス吹き》、『彩画職人部類』(1771年) より

68. 漂白工
a.《洗濯女たち》、『スプレンドール・ソリス』(ドイツ、1582年) より
b. ヤーコブ・ファン・ライスダール、《ハールレム眺望》、1670年頃、油彩、キャンヴァス、43×38cm、国立美術館、アムステルダム
c. アードリアーン・ファン・デ・フェンヌ、《漂白場》、1626年、彩色素描、大英博物館、ロンドン

69. 石切り工
a.《セント・アルバンス修道院をつくる》、マシュー・パリス『オファスの生涯』(セント・アルバンス、14世紀初頭) より
b.《石工》、ヨースト・アマン『職人づくし』(フランクフルト、1568年) より
c. バーレント・フラート、《アムステルダムの石材場》、17世紀、銅版画

70. 石工
a. サン・ジル・デュ・ガール正面中央入り口北側の抱き、12世紀後半
b.《大地》周辺の装飾、アムステルダム新市庁舎 [現王宮] 市民の間、1650年頃
c.《石細工場》、秋里籬島画『和泉名所図会』(1796年) より

71. 煉瓦工
a.《煉瓦製造所》、『聖書物語』(北オランダ、15世紀半ば) より
b. ヤン・ファン・デル・ヘイデン、《デルフトの旧教会》、17世紀、油彩、板、55×71cm、デトロイト美術研究所
c. ピーテル・デ・ホーホ、《リンゴの皮を剥く女》、1663年頃、油彩、キャンヴァス、70×54cm、ウォーレス・コレクション、ロンドン

72. 陶工
a.《窯場》、ゲオルギウス・アグリコラ『鉱山書』(1556年) より
b. ヤン・ダーフィッツゾーン・デ・ヘーム、《静物》、17世紀、油彩、キャンヴァス、46×65cm、リヒテンシュタイン公コレクション、ヴァドゥツ
c. レオナールト・ブラーメル、《陶工と絵付け職人》、1650年代、素描、レイデン大学版画収集室

73. 膠職人
a. 本書no.7の部分
b.《指し物師》部分、ヨースト・アマン『職人づくし』(フランクフルト、1568年) より
c.《リュートつくり》部分、ヨースト・アマン『職人づくし』(フランクフルト、1568年) より

74. 泥炭掘り
a. アードリアーン・ファン・デ・フェンヌ、《泥炭掘り》、1626年、彩色素描、大英博物館、ロンドン
b. レオナールト・ブラーメル、《泥炭売り》、1650年代、素描、レイデン大学版画収集室
c. コルネーリス・デ・マン、《天秤を持つ男》細部、17世紀、油彩、キャンヴァス、81.5×67.5cm、個人蔵、モントリオール

75. 坑夫
a.《採鉱場》、バルトロメウス・アングリコス『所有について』(ブリュージュ、1482年) より
b. 二代目広重、《佐渡の金山》、『諸国名所百景』(1850年頃) より
c. アッラールト・ファン・エーフェルディンゲン、《スウェーデンにあるトリップ大砲鋳造所》、17世紀、油彩、キャンヴァス、192×245.5cm、国立美術館、アムステルダム

76. 貨幣師
a.《贋金つくりの罰》、『ユスティニアヌス写本』(15世紀以前) より、国立図書館、ハーグ
b. 秤と秤を収める箱、1610年、アムステルダム
c. マリーヌス・ファン・レイメルスワール、《収税吏と妻》部分、1538年、油彩、板、93×111cm、プラド美術館、マドリッド

77. 金箔師
a. ヨハネス・フェルメール、《ヴァージナルの前に立つ女》細部、1670年頃、51.8×45.2cm、油彩、キャンヴァス、ナショナル・ギャラリー、ロンドン
b. ピーテル・デ・ホーホ、《テーブルを囲む一群の男女》、1663-65年頃、油彩、キャンヴァス、58.5×68.5cm、メトロポリタン美術館、ニューヨーク
c.《薄打ち》、土佐光信原画『七十一番職人歌合絵』(1500年頃) より

78. 銀細工師
    a. アーダム・ファン・フィアーネン、《蓋付きの水差し》、1614年、高さ25.5cm、国立美術館、アムステルダム
    b. ウィレム・カルフ、《静物》、17世紀、油彩、キャンヴァス、67.5×82.5cm、1945年焼失
    c. 《銀飾り職人》、土佐光信原画『七十一番職人歌合絵』(1500年頃) より
79. 金細工師
    a. 《金細工師》、『旧約聖書絵入り本』(北イタリア、1400年頃) より
    b. 《金細工師》、ヨースト・アマン『職人づくし』(フランクフルト、1568年) より
    c. パウリュス・ファン・フィアーネン、《蓋付きの金器》、17世紀、金、高さ18.5cm、個人蔵、フィート
80. ダイヤモンド細工師
    a. 《宝石師》、ヨースト・アマン『職人づくし』(フランクフルト、1568年) より
    b. 《ダイヤモンド細工》、ディドロ『百科全書』(フランス、18世紀) より
    c. 《ダイヤモンド細工》、ディドロ『百科全書』(フランス、18世紀) より
81. 真珠細工師
    a. 《数珠師》、蒔絵師源三郎画『人倫訓蒙図彙』(1690年) より
    b. マリー・ドゥ・ブルゴーニュの画家、《キリストの磔刑》部分、『マリー・ドゥ・ブルゴーニュの時禱書』(1485年頃) より、オーストリア図書館、ウィーン
    c. フランドルの逸名画家、《若い女性の肖像》、17世紀、油彩、キャンヴァス、74.3×57.5cm、フィラデルフィア美術館
82. 刺繍工
    a. 《縫い取り師》、『旧約聖書絵入り本』(イタリア、1400年頃) より
    b. 《バイユーの刺繍布》、1067-77年頃、亜麻布、50×7000cm、バイユー司教区美術館
    c. 《処女の紋章》、ヤーコプ・カッツ『結婚…』(ミッデルブルフ、1625年) より
83. タペストリー工
    a. 《タペストリー製造》、ディドロ『百科全書』(フランス、18世紀) より
    b. ハーブリエル・メッツー、《作曲する若い女》、1667年頃、油彩、板、57.8×43.5cm、マウリッツハイス美術館、ハーグ
    c. フランソワ・スピーリンク、《ポロクリスを織り込んだタペストリー》、1620年頃、345×520cm、国立美術館、アムステルダム
84. 画家
    a. ヨハネス・フェルメール、《絵画芸術》、1660年代、油彩、キャンヴァス、120×100cm、美術史美術館、ウィーン
    b. アードリアーン・ファン・オスターデ、《アトリエの画家》、1663年、油彩、板、38×35.5cm、絵画館、ドレスデン
    c. アードリアーン・ボト、《アトリエの貧しい画家》、1630年頃、銅版画、33×24.7cm
85. 銅版画家
    a. アーブラハム・ボス、《銅版画家のいる工房》、1643年、銅版画、26.1×32.6cm
    b. レンブラント・ファン・レイン、《シックスの橋》、1645年、エッチング、13.0×21.3cm
    c. 司馬江漢、《三囲景図》、1783年、銅版画、筆彩色、紙、26.5×38.8cm、神戸市立博物館
86. 彫刻家
    a. ヘンドリック・デ・ケイゼル、《ウィレム沈黙公廟墓》、1613-23年、新教会、デルフト
    b. アルトゥス・クウェリヌス、《アポロ》、1650年、新市庁舎 (現王宮)、アムステルダム
87. 音楽家
    a. ヨハネス・フェルメール、《音楽の稽古》、1660年代、油彩、キャンヴァス、74×64.5cm、英国王室コレクション、ロンドン
    b. ヤン・ステーン、《宿屋の前の農民たち》、1655年以前、油彩、板、50.2×61.1cm、トレド美術館
88. 占星術師
    a. 《占星術師》、アルチャーティ『エンブレマータ』(アウクスブルク、1531年) より
    b. ミヒール・ファン・ミュッセル、《ある天文学者 (地理学者?) の肖像》、1671年、歴史博物館、アムステルダム
    c. ヤコブ杖、1790年頃、木、長さ75.5cm、アルトナール博物館、ハンブルク
89. 弁護士
    a. ビーテル・デ・ブロート、《弁護士の事務所》、1628年、油彩、板、57×83cm、国立美術館、アムステルダム
    b. 《ホラント州裁判所》、ヒューホー・デ・フロート『オランダの法律入門』表紙 (1631年)

c.《代言人》、ヨースト・アマン『職人づくし』(フランクフルト、1568年) より
90. 化学者
   a.《錬金術師》、コンラート・ゲスナー『新旧の窮理学…』(ロンドン、1599年) より
   b. ピーテル・ブリューゲル、《錬金術師》、16世紀、銅版画、34.2×44.9cm
   c. ヘンドリック・ヘールスホップ、《錬金術師》、1671年、油彩、板、ベーダー・コレクション、ミルウォーキー
91. 医者
   a.《ヒッポクラテス [前460-前375年] の肖像》、3世紀、大英博物館、ロンドン
   b.《医者》、バルトロメウス・アングリクス『所有について』(ブリュージュ、1482年) より
   c. ヤン・ステーン、《医者の往診》、1661-62年頃、油彩、板、47.5×41cm、ヴィクトリア・アンド・アルバート美術館寄託、ロンドン
92. 説教師
   a. アンソニー・デ・ロルム、《ロッテルダムのシント・ラウレンス教会》、1655年、油彩、キャンヴァス、136×114cm、ボイマンス美術館、ロッテルダム
   b. ピーテル・サーンレダム、《アッセンデルフトのシント・オデュルファス教会》、1649年、油彩、板、50×76cm、国立美術館、アムステルダム
   c. エマニュエル・デ・ウィッテ、《デルフトの新教会》、1653-54年頃、油彩、キャンヴァス、40×45cm、王立美術館、ブリュッセル
93. 農夫
   a.《農作業をする人たち》、ペテルス・クレセンティス『農場からの利益』(フランス、15世紀後半) より
   b. フローリス・ファン・デイク、《軽食》、1615-20年頃、油彩、板、82.2×11.2cm、国立美術館、アムステルダム
   c. ジャック・デ・ヘイン二世、《牛の肖像》、17世紀、油彩、板、75.5×57.3cm、個人蔵、アムステルダム
94. 船乗り
   a. ダーフィット・フィンクボーンス、《航海術の講義》、17世紀、銅版画
   b. ヘンドリック・フローム、《嵐の中の海》、17世紀、エングレーヴィング、海洋博物館、ロッテルダム
   c. コルネーリス・クラースゾーン・ファン・ウィーリンゲン、《ジブラルタルの戦い》、1607年、油彩、キャンヴァス、137.5×188cm、国立美術館、アムステルダム
95. 漁師
   a. ピーテル・フォーヘラール、《オランダのニシン漁船団》、17世紀、ペン、板、84×114cm、国立美術館、アムステルダム
   b. アードリアーン・ファン・オスターデ、《魚屋》、1672年、油彩、キャンヴァス、36.3×39.5cm、国立美術館、アムステルダム
   c. ヤン・ダーフィッツゾーン・デ・ヘーム、《静物》、17世紀、油彩、キャンヴァス、70.5×58cm、絵画館、ライプツィヒ
96. 狩人
   a. フェルディナント・ボル、《男の肖像》、1647年、油彩、キャンヴァス、129×100.8cm、ランガニーズ・ハウス、ブラックヒース
   b. ヤン・ウェーニクス、《ハンスベルク城の風景と獲物》、1712年、油彩、キャンヴァス、344.8×561.5cm、アルテ・ピナコテク、ミュンヘン
   c. ハーブリエル・メッツー、《狩りの獲物》、1658-60年、油彩、キャンヴァス、51×48cm、国立美術館、アムステルダム
97. 商人
   a.《マテウス・シュヴァルツとヤーコプ・フッガー》、16世紀、彩色素描、アントン・ウルリッヒ公美術館、ブラウンシュヴァイク
   b. クウェンティン・マッシス、《両替商とその妻》、1514年頃、油彩、板、70.5×67cm、ルーヴル美術館、パリ
   c. アニエッロ・ファルコネ、《商人を寺院から追放するキリスト》、17世紀、油彩、プラド美術館、マドリッド
98. 軍人
   a. ジャック・デ・ヘイン、《兵士》、1608年、ペンと茶のインク、25.3×19cm、国立美術館版画収集室、アムステルダム
   b. ヤーコプ・デュック、《略奪》、17世紀、油彩、板、32.5×47cm、国立美術館、ワルシャワ
   c. シーモン・キック、《兵士の一団》、1645-50年頃、油彩、板、122×122cm、ダヴィット・クツセル

画廊、チューリッヒ
99．支配者
  a. 《アウグストゥス像》、前20年頃、大理石、ヴァチカン、ローマ
  b. ヘーラルト・ファン・ホントホルスト、《総督フレデリック・ヘンドリック》、1650年、油彩、キャンヴァス、126×103.5cm、国立美術館、アムステルダム
  c. フィンセント・ラウレンスゾーン・ファン・デ・フィンヌ、《ヴァニタス静物画》、17世紀、油彩、キャンヴァス、94.5×69cm、ルーヴル美術館、パリ
100．墓掘り
  a. バルトロメウス・ファン・デン・ヘルスト、《死んだ子供の肖像》、1645年、油彩、キャンヴァス、63×90cm、オランダ政府
  b. 《死者の出た家》、ヤン・ファン・デ・フェーン『エンブレマータ…』（アムステルダム、1658年）より
  c. ヘンドリック・ファン・フリート、《デルフトの新教会内部》、1660-62年、油彩、板、40.5×35cm、王立美術館、アントウェルペン

論文：ヤン・ライケン著『人の営み』（1694年）と17世紀オランダの働く人々
  挿図1．司馬江漢、《西洋籠造図》、紙本墨画、文化9年頃（1812年頃）、22.7×34.7cm、個人蔵
  挿図2．司馬江漢、《埠頭図》、天明-寛政年間（1781-1800年）、絹本油彩淡彩、94.0×41.7cm、個人蔵
  挿図3．司馬江漢、《西洋樽造図》、寛政中期（1795年）、絹本油彩、47.2×60.5cm、個人蔵
  挿図4．司馬江漢、《西洋人石工の図》、文化初年（1804年）、紙本墨画、42.0×57.0cm、個人蔵
  挿図5．司馬江漢、《漁夫図》、文化年間（1804-17年）、絹本油彩、24.6×22.5cm、個人蔵
  挿図6．司馬江漢、《皮工図》、天明5年（1785年）、紙本銅版、10.0×14.0cm、個人蔵
  挿図7．司馬江漢、《泥炭掘図》、寛政年間（1789-1800年）、絹本着色、125.3×56.0cm、個人蔵
  挿図8．ヤン・ライケン『人の営み』初版（1694年）の「石工」(no.70) の見開き
  挿図9．ヘンドリック・アーフェルカンプ、《冬景色》、1615年頃、油彩、板、36×71cm、国立美術館、アムステルダム
  挿図10．ピーテル・クラースゾーン、《ヴァニタス静物画》、1629年頃、油彩、板、49×82cm、個人蔵
  挿図11．ヤン・ライケン『人の営み』初版（1694年）の「石工」(no.70) の見開き（左頁にライケン自筆のメモが書き込まれている）、国立歴史博物館、アムステルダム
  挿図12．ヨハネス・フェルメール、《天文学者》、1668年、油彩、キャンヴァス、50×45cm、ルーヴル美術館、パリ
  挿図13．《両替商》、13世紀、ステンドグラス、シャルトル大聖堂
  挿図14．ニュルンベルクの画家、《指し物師》、1444年頃、『メンデル・ハウスの本』より、ニュルンベルク市図書館
  挿図15．ハーブリエル・メッツー、《鍛冶屋》、1650-55年、油彩、キャンヴァス、ナショナル・ギャラリー、ロンドン
  挿図16．ヤン・ライケン、《靴職人》、1694年以前、インクによる素描、8.6×7.2cm、国立歴史博物館、アムステルダム
  挿図17．ヤン・ライケン、《靴職人》、同上
  挿図18．ヤン・ライケン、《椅子職人》、同上
  挿図19．ヤン・ライケン、《金細工師》、同上
  挿図20．ヤン・ライケン、《針職人》、同上
  挿図21．ヤン・ライケン、《かつら職人》、同上
  挿図22．ヤン・ライケン、《時計職人》、同上
  挿図23．ヤン・ライケン、《ランタン職人》、同上
  挿図24．ヘーラルト・ダウ、《雑貨屋の店先》、1647年、油彩、板、38.5×29cm、ルーヴル美術館、パリ
  挿図25．J.カンネウェット刊行の大衆版画、18世紀、アムステルダム
  挿図26．カスパル・ライケン、《医者》、版画、クリストフ・ヴァイゲル『職人づくし』（1698年）より
  挿図27．ヤン・ライケン『人の営み』の扉絵用素描、1694年以前、インクによる素描、国立歴史博物館、アムステルダム
  挿図28．ヤン・ライケン、《織り物師》、同上
  挿図29．ヤン・ライケン、《雑穀屋》、1694年以前、インクによる素描、8.6×7.2cm、国立歴史博物館、アムステルダム
  挿図30．茶器3点（中国製輸出専用磁器）、1745年頃、国立歴史博物館、アムステルダム

職名一覧 (アマン『西洋職人づくし』、コメニウス『世界図絵』との対照表付)

◆ 職名の原語と番号は『人の営み』初版本に拠る。
◆ アマン1970、コメニウス1995については、参考文献一覧を参照のこと。
◆ 職名の右肩に付した記号 * はカスパルの彫版、** はヤンとカスパルの共作、無印はヤンの彫版であることを示す(ファン・エーヘンに拠る。本書7-8、240-242頁を参照)。
◆ →は参照項目、〔 〕は参考項目であることを示す。

本書の職名	原語	番号 (本書掲載頁)	アマン1970 [目次の番号と職名]	コメニウス1995 [番号と項目名]
ア 行				
油屋*	De Olislaager	41 (96)	98油屋	
石切り工*	De Steensaager	69 (152)	〔85石工〕	〔64左官〕
石工	De Steenhouwer	70 (154)	85石工	〔64左官〕
医者	De Docter	91 (196)	11医者	128医術
椅子職人**	De Stoelemaaker	12 (38)		
印刷師	De Boeckdrucker	61 (136)	19印刷師〔15活版師〕	93印刷術
鉛管工	De Lootgieter	6 (26)		
桶職人	De Kuiper	40 (94)	90桶屋	80おけ屋
織り物師*	De Weever	16 (46)	48織工	59織物
音楽家*	De Musikant	87 (188)	100歌手、105オルガンひき、106ハープとリュートひき 107バイオリン三重奏、108笛の三重奏	
カ 行				
画家	De Schilder	84 (182)	22絵師	78絵画
化学者	De Scheider	90 (194)		
鏡職人	De Spiegelmaaker	66 (146)	83鏡師	79鏡
籠職人	De Mandemaaker	10 (34)		
鍛冶屋*	De Smit	28 (70)	72蹄鉄師	68鍛冶屋
刀鍛冶	De Swaardveeger	32 (78)	63刀鍛冶	
楽器職人**	De Instrumentmaaker	55 (124)	103リュートつくり	100楽器
学校教師	De Schoolmeester	64 (142)		97学校
かつら職人	De Pruikemaaker	57 (128)		
貨幣師	De Munter	76 (166)	31貨幣師	
紙漉き職人*	De Papiermaaker	60 (134)	18紙すき	92紙
ガラス工	De Glasemaaker	5 (24)	23ガラス師	
ガラス吹き工	De Glasblaaser	67 (148)	〔23ガラス師〕	
狩人	De Jaager	96 (206)	38かりうど	52狩り
皮なめし工**	De Leerbereider	59 (132)	56皮なめし	

職名一覧　267

絹糸製造職人**	De Syreeder	14　(42)		
金細工師	De Goudsmit	79　(172)	26金細工師	
銀細工師	De Silversmit	78　(170)	〔26金細工師〕	
金線工**	De Gouddraadtrecker	24　(62)		
金箔師*	De Goudslaager	77　(168)	32金箔師	
櫛職人	De Kammemaaker	20　(54)	59櫛屋	
靴職人	De Schoenmaaker	19　(52)	50靴職人	62靴屋
鞍職人*	De Saalemaaker	52　(118)	81鞍師	
車大工	De Waagemaaker	51　(116)	89車工	84車両
軍人*	De Krygsman	98　(210)		139兵士、140陣営、141軍隊と戦闘
外科医*	De Chirurgyn	56　(126)	51床屋、52歯医者	75理髪店
けば取り工**	De Droogscheerder	17　(48)	60羅紗屋	
坑夫**	De Bergwercker	75　(164)	104坑夫	67鉱山
粉ひき**	De Moolenaar	48　(110)	40粉ひき	48製粉業

サ 行

指し物師*	De Schrynwerker	7　(28)	88指物師	69指物師とろくろ細工師
雑穀屋	De Grutter	50　(114)		
刺繍工*	De Borduurder	82　(178)	25ぬいとり師	
仕立て屋	De Kleer'maaker	2　(18)	45仕立屋	61仕立て屋
支配者	De Heerscher	99　(212)	7皇帝、8国王、9君侯	138王の尊厳
商人*	De Koopman	97　(208)	29商人	126商売
白目細工師*	De Tinnegieter	26　(66)	75錫工	
真珠細工師*	De Peerelgaater	81　(176)	→27宝石師	
真鍮細工師*	De Geelgieter	25　(64)	68真鍮細工師	
スケート靴職人	De Schaatsemaaker	34　(82)		
製糖職人	De Suikerbacker	45　(104)		
製本職人	De Boeckbinder	63　(140)	21製本師	94本屋、95製本屋、96本
説教師	De Leeraar	92　(198)		
染色師	De Veruwer	18　(50)	47染物屋	
占星術師	De Astrologist	88　(190)	13星占い師	103天球、104惑星の位置、105月の状態、106日食・月食、107地球

タ 行

大工	De Timmerman	3　(20)	87大工	63大工
ダイヤモンド細工師	De Diamantslyper	80　(174)	→27宝石師	
タペストリー工	De Tapeitwerker	83　(180)	110じゅうたん工	
彫刻家*	De Beeldhouwer	86　(186)	28彫刻師	
綱職人**	De Lyndraaier	38　(90)	95綱つくり	81綱つくり人と革ひも屋
泥炭掘り	De Veender	74　(162)		
鉄砲鍛冶	De Roeremaaker	33　(80)	66鉄砲鍛冶、92銃床つくり	
陶工**	De Pottebacker	72　(158)	82陶工	70陶工
銅細工師**	De Kooperslaager	29　(72)	65銅工	
銅版画印刷師	De Plaatdrucker	62　(138)	〔19印刷師〕	

銅版画家*	De Plaatsnyder	85（184）	→17木版師	
時計師	De Orlosimaaker	65（144）	67時計師	77時計
ナ 行				
膠職人	De Lymmaaker	73（160）		
肉屋*	De Vleeshouwer	43（100）	37肉屋	53肉屋
庭師	De Hovenier	47（108）		44造園
農夫**	De Landman	93（200）	42農夫、99ブドウ酒つくり	45農耕、46牧畜、55ぶどうの収穫
ハ 行				
墓掘り	De Doodgraaver	100（214）		129埋葬
秤職人	De Balansemaaker	27（68）	79秤屋	〔127計量と重さ〕
刃物職人**	De Messemaaker	31（76）	70鎌つくり	
針職人	De Naaldemaaker	22（58）	76針つくり	
パン屋*	De Backer	1（16）	41パン屋	49パン製造
漂白工**	De Bleeker	68（150）		
ビール醸造職人*	De Brouwer	49（112）	43ビールつくり	56ビール醸造
ビルジ用ポンプ職人**	De Pompemaaker	36（86）		
ピン職人	De Speldemaaker	23（60）	102とめ金づくり	
ふいご職人	De Blaasbalckemaaker	53（120）		
船大工	De Scheepstimmerman	37（88）		88ガレー船、89貨物船、90難破
船乗り	De Zeeman	94（202）	96船乗り	88ガレー船、89貨物船、90難破
ブラシ職人	De Schuyermaaker	8（30）	58刷毛屋	
篩職人	De Seeve maaker	11（36）	94ふるい屋	
弁護士*	De Advokaat	89（192）	14代言人	〔124裁判所〕
箒職人**	De Beesemmaaker	9（32）		
帽子職人*	De Hoedemaaker	58（130）	49帽子屋	
帆げた職人*	De Boommaaker	35（84）		
帆布職人	De Seile maaker	39（92）		
マ・ヤ行				
眼鏡職人	De Brillemaaker	21（56）	57眼鏡屋	〔79鏡〕
焼き菓子職人*	De Pasteibacker	44（102）		
薬剤師	De Apoteeker	46（106）	12薬剤師	
羊毛洗い**	De Wolbereider	15（44）		
より糸製造職人*	De Gaarentwynder	13（40）		
ラ 行				
ランタン職人	De Lantaarenmaaker	30（74）	80提灯屋	
漁師*	De Visser	95（204）	97漁師	50漁獲
煉瓦工**	De Tichgellaar	71(156)→4	86煉瓦工	〔64左官〕
煉瓦積み工	De Metselaar	4(22)→71	〔煉瓦工〕	〔64左官〕
蝋燭職人	De Kaarsemaaker	42（98）		
ろくろ細工師*	De Draaier	54（122）	91木工	69指物師とろくろ細工師

あとがき

　今冬、ライケン関連の史・資料を閲覧、収集するため、2ヶ月ほどアムステルダムに滞在した。住まいはインターネットで探したが、結局、アムステルダム中央駅から西方に歩いて15分ほどのヨルダン地区にアパートを借りることになった。「ヨルダン」という街区名はフランス語の「ジャルダン（庭）」のなまったものとの説もある。そのせいか、「ヨルダン地区」と聞くとオランダ人の目がなごむ。この地域は1613年にアムステルダム市の拡張部分としてプリンセンフラハトの外側に整備されたところである。外周部分にあたるシンゲルフラハトとの間には小さな美しい運河が幾筋も平行に流れている。

　ほんとうに偶然のことだったが、このヨルダン地区には、17世紀以来、多くの手工業者が身を寄せ合って暮らしていた。臭気や環境汚染のため、この新興の周辺地域にしか住まいがみつからなかったのである。たとえばその名もゆかしいブルームフラハト（花の運河の意）には染色師、製糖職人、金唐革製造職人が工房を構えた。私が仮住まいをしていたあたりにはローイエルフラハト、ティーヒェルストラート、ポッテンストラート、ブラウエルスフラハトといった運河、通りがあったので、皮なめし工、煉瓦工、陶工、ビール醸造業者が軒を並べていたのであろう。はからずも、ライケンが『人の営み』のためにスケッチして歩いたであろう街区に寝起きをすることになり、日々、感慨一入であった。

　本書の各職業の解説を分担執筆した今井、望月、青野は、私がかつて非常勤講師を務めていた慶應義塾大学の教え子である。モットー、解題の翻訳を分担した池田は私のオランダ留学時代の教え子だが、オランダ語を母国語の日本語と同じように巧みに操る貴重な人材である。翻訳にあたっては10年以上をオランダに暮らした彼女の語感が大いに助けになった。

　私の怠慢で、本書の刊行は1年以上も遅れてしまった。しかし、その1年の間に、アムステルダム大学の質の良い初版本を底本にする可能性も開けてきた。禍を転じて福となした、などと手前ミソは言わないが、最良の結果となった。この間、辛抱強く経過を見守ってくれた八坂書房の八坂安守氏、三宅郁子さんに心からの謝意を表したいと思う。

2001年6月25日

　　　　　　　　　　　　　　　　　　　　　　　　　　　小林　賴子

新装版に寄せて

　本書の初版（2001年）準備中に、国立国会図書館でヤン・ライケン著『HET MENSELYK BEDRYF（人の営み）』（初版1694年）を閲覧した。1日ですべてに目を通すことができず、再度の閲覧を願い出たら、貴重な本だから半年後なら許可する、と返事があった。規則なのだろうが、アムステルダム大学図書館、ハーグ王立図書館で15〜17世紀の古書の閲覧・研究を日々許された経験があったから心底驚いた。

　それから10年余、貴重本のデジタル化が進み、現在では、様々な関連サイトを活用すれば、上記のライケン本初版をはじめ、思いもよらぬ古書がいながらにして思う存分閲覧できるようになった。現物ではないにしろ、研究者にとっては喜ばしい限りである。図書館の役割も、こうした状況に伴い、これから大きく変容するだろう。図書館だけではない。この10年余の「人の営み」、つまり人が携わる職業の変わりようには、ライケン本初版から本書初版までの307年間の変化をしのぐほどの勢いがある。機械化の大波を乗り越えてきた職業は、このデジタル化の激しい勢いのなかで、どのような未来形を持つのか。そして、この先には一体どのような新たな職業が生まれるのか。興味が尽きない。

　職業の在りようは、社会の様態をそのまま映し出す。ライケン本のいくつかの版のタイトル、『人の営み鑑（かがみ）』はまさに当を得た選択だ。ページをめくれば、懐かしい職業から今なお最前線にある職業まで、100種類が並ぶ。ライケン本初版を出発点にした西洋職人図のささやかなアンソロジーである本書からは、その意味で、限りない郷愁とともに、現在の社会の姿、来るべき変革の予感が立ち上ってくるのではないか。本書の増刷が、逆戻りのできないデジタル化のただ中の2012年という時期に実現したことに深い感慨を覚えずにはいられない。

　ちなみに、今年の6月に、ほしくてたまらなかったライケン本をようやく手に入れた。初版ではなく1718年版だが、価格は20万円弱と、思ったほど高くなかった。デジタル化時代の古書の楽しみには格別のものがある。

　　　2012年10月18日

　　　　　　　　　　　　　　　　　　　　　　　　　　　　　小林賴子

執筆者・訳者紹介

小林賴子（こばやし・よりこ）
1948年生まれ。1982-85年ユトレヒト大学美術史研究所留学。
1987年慶應義塾大学大学院博士課程修了。
美術史家。専門は17世紀オランダ美術、日蘭美術交渉史。
現在、目白大学教授。
著書：『フェルメール論』（八坂書房）
　　　『フェルメールの世界』（NHKブックス）
　　　　［上記二著で第10回吉田秀和賞］
　　　『牛乳を注ぐ女』（ランダムハウス講談社）
　　　『花と果実の美術館』（八坂書房）
　　　『限定版　フェルメール全作品集』（小学館）他
論文：'Vermeer and his Thematic Use of Perspective'
　　　'An Assimilation between Two Different Cultures'
　　　'Perspective and Its Discontents or St. Lucy's Eyes'（共著）他
CGコンテンツ：「View Paint vol.1 フェルメール《牛乳を注ぐ女》」（監修、凸版印刷と共同制作）
　　　　［アジア・デジタル・アワード2011で優秀賞］
翻訳：G. ハインツ＝モーア『西洋シンボル事典』（八坂書房、共訳）
　　　エディ・デ・ヨング『17世紀オランダ絵画のイコノロジー』（NHK出版、共訳）
　　　M. ブルース＝ミッドフォード『イメージ・シンボル図鑑』（三省堂、共同監修・共訳）他

池田みゆき（いけだ・みゆき）
1972年生まれ。1976-86年オランダで初等・中等教育を受ける。
1995年上智大学外国語学部ドイツ語学科卒業。
外資系コンサルティング会社を経て、現在オランダの総合人材サービス会社に勤務。
翻訳：F. ウィン『フェルメールになれなかった男』（武田ランダムハウスジャパン、共訳）

今井澄子（いまい・すみこ）
1975年生まれ。2007年慶應義塾大学大学院後期博士課程修了。博士（美学）。
現在、大阪大谷大学文学部准教授。専門は15世紀フランドル美術。
著書：『人のイメージ』（ありな書房、共著）
論文：「15世紀フランドル絵画における祈禱者とヴィジョン」

望月典子（もちづき・のりこ）
1961年生まれ。慶應義塾大学大学院後期博士課程修了。博士（美学）。
慶應義塾大学文学部ほか非常勤講師。専門は17世紀フランス美術。
著書：『ニコラ・プッサン：絵画的比喩を読む』（慶應義塾大学出版会）
　　　　［第16回地中海学会ヘレンド賞］
　　　『オールド・ローズブック』（八坂書房、共著）他

青野純子（あおの・じゅんこ）
1972年生まれ。東北大学大学院博士課程終了。
オランダ、アムステルダム大学博士（人文学）。専門は17世紀オランダ美術。
著書：『フェルメール』（小林賴子編著、六耀社、共著）
　　　"Nicolaas Verkolje"（展覧会図録、Rijksmuseum Twethe, Enschede）
論文：'Dutch Genre painting 1680-1750 and its Reception of the Golden Age'
　　　'Reproducing the Golden Age'

ヤン・ライケン
西洋職人図集 ―17世紀オランダの日常生活 [新装版]

2001年　8月25日　初版第1刷発行
2012年11月24日　新装版第1刷発行

訳著者　小　林　頼　子
訳　者　池　田　み　ゆ　き
発行者　八　坂　立　人
印刷・製本　モリモト印刷(株)

発行所　(株)八坂書房
〒101-0064　東京都千代田区猿楽町1-4-11
TEL.03-3293-7975　FAX.03-3293-7977
URL.：http://www.yasakashobo.co.jp

ISBN 978-4-89694-146-3　　落丁・乱丁はお取り替えいたします。
　　　　　　　　　　　　　無断複製・転載を禁ず。

©2001, 2012　Yoriko Kobayashi & Miyuki Ikeda